Matthias Müller-Michaelis

Das Handbuch für Detektive

SÜDWEST

Inhalt

Jeder kann ein Meisterdetektiv werden

Hast du auch schon spannende Kinderkrimis gelesen, in denen pfiffige Nachwuchsdetektive die Übeltäter überführen? Und hast du dir auch schon mal vorgestellt, selbst wie ein Detektiv zu ermitteln? Oder willst du zusammen mit Freunden und Freundinnen aus der Schule oder der Nachbarschaft einen Detektivklub gründen? Kein Problem: In diesem Buch erfährst du alles, was ein richtiger Kinderdetektiv wissen und können muss.

Natürlich wollen wir keine echten Verbrecher jagen. Denn echte Verbrecher haben echte Waffen, echte Messer oder sogar echte Revolver. Deshalb sind echte Verbrecher echt gefährlich – viel zu gefährlich für uns. Aus diesem Grund überlassen wir diese Arbeit lieber echten Polizisten. Die wissen schon, wie man mit solchen Brüdern umgeht und sie hinter Schloss und Riegel bringt.

Aber trotzdem gibt es Situationen, wo wir auch als Kinderdetektive echte Ermittlungen führen und damit auch mal der Polizei helfen können. Aber ehe es so weit ist, müssen wir natürlich die Grundregeln des Detektivhandwerks lernen. Denn da gibt es viele Tipps und Tricks, die jeder Detektiv kennen muss. Und wie in der Schule muss man natürlich auch das Detektivsein üben.

Die Grundregel für alle Detektive

Ich darf niemals einen Unschuldigen verdächtigen. Deshalb darf ich nicht nur nach Beweisen für die Schuld eines Verdächtigen suchen, sondern ich muss genauso eifrig Entlastungsmaterial sammeln.

Ganz wichtig ist zum Beispiel, dass wir uns an die Grundregel aller Detektive halten. Jeder Verdächtige muss so lange als unschuldig gelten, bis er eindeutig überführt ist. Denn wenn wir jemanden zu Unrecht verdächtigen, kann das schlimme Folgen für den Betroffenen haben. Stell dir nur mal vor, du würdest zu Unrecht verdächtigt, in einem Supermarkt eine Tüte Bonbons gestohlen zu haben – nur weil dich jemand verwechselt hat ...

Wer einen anderen ungerechtfertigt beschuldigt, kann hinterher wegen falscher Verdächtigungen oder übler Nachrede richtig Ärger bekommen und vor Gericht gestellt werden. Denn sogar in unseren Gesetzen steht, dass niemand falsch verdächtigt werden darf. Und wir als Detektive müssen uns natürlich erst recht an die Gesetze halten.

Aber es gibt ja genügend andere Möglichkeiten, sein Können als Detektiv unter Beweis zu stellen. Zum Beispiel in einem Detektivklub, wo wir uns Kriminalfälle selbst ausdenken oder wo es darum geht, um die Wette zu ermitteln.

Das ist auch eine prima Übung dafür, wenn wir es vielleicht doch mal mit einem echten Fall zu tun bekommen. Man weiß ja nie. Und ein richtiger Detektiv muss immer wachsam sein ...

Die Grundregeln für Detektive

 Was ein guter Ermittler immer beachten sollte

Damit deine Detektivarbeit Erfolg hat, solltest du dich immer an ein paar Grundregeln halten. Denn was nützt dir die beste Spürnase, wenn du durch unüberlegtes Handeln dich oder andere in Gefahr bringst?

Regel 1:
Ein guter Ermittler ist nie allein unterwegs

Dafür gibt es gleich mehrere Gründe. Denn erstens sehen vier Augen mehr als zwei – und zweitens können zwei Detektive immer sofort beratschlagen, ob ein Beweis etwas taugt oder ob ein Verdacht eventuell gar nicht gerechtfertigt ist.

Perfekte Teamarbeit:
Guter Detektiv und böser Detektiv

Die Teamarbeit bietet noch einen weiteren Vorteil: Bei den Ermittlungen kann einer der böse Detektiv sein, der für belastende Beweise zuständig ist; der andere ist der gute Detektiv, der für entlastendes Material sorgt. Am Ende muss jeder die Ergebnisse des anderen überprüfen und mit seinen eigenen vergleichen. So schützt man sich am besten vor Irrtümern und falschen Verdächtigungen.

Regel 2:
Ein Detektiv achtet auf gute Partnerschaft mit den »Kollegen« von der Polizei

Wenn wir eine Straftat beobachten, zum Beispiel dass jemand bedroht, verletzt oder etwas gestohlen, beschädigt wird, sollten wir so schnell wie möglich die Polizei informieren. Polizisten und Detektive sind nämlich keine Konkurrenten, sondern arbeiten immer als Partner zusammen. Und wenn du Regel 1 beachtest, kann ein Detektiv die Polizei benachrichtigen, während der zweite einen eventuell flüchtenden Täter beobachtet oder unerkannt verfolgt.

Im Notfall suchen wir uns Hilfsdetektive

Wenn wir doch mal allein unterwegs sind und dabei eine Straftat beobachten, müssen wir uns blitzschnell Hilfsdetektive suchen, am besten Erwachsene. Wir müssen ihnen genau erklären, was wir gesehen haben, und sie bitten, die Polizei anzurufen. Erst wenn das geschehen ist, versuchen wir, einen eventuell flüchtenden Täter im Auge zu behalten. Denn Hilfe für das Opfer ist immer wichtiger als die Verfolgung des Täters.

Regel 3: Ein Detektiv darf nie zu erkennen sein

Es kann peinlich oder sogar gefährlich werden, wenn ein Detektiv zu auffällig arbeitet. Deshalb ist die eigene Tarnung wichtig. Wenn wir jemanden beschatten oder verfolgen, darf der also nie etwas merken. Auch dabei hilft dir die Regel, dass ein Detektiv nie allein arbeiten soll. Bei einer Beschattung sollten sich immer zwei Detektive abwechseln. Das Gleiche gilt bei einer Verfolgung. Da bleibt der zweite Verfolger so weit entfernt, dass er den Verdächtigen gar nicht mehr sieht, sondern nur den ersten Verfolger. Natürlich muss auch die Ablösung unerkannt geschehen. Die verdächtige Person darf also nie beide Detektive auf einmal sehen können.

Bei Pannen: Euer Alter ist die beste Entschuldigung

Wenn eure Tarnung doch mal auffliegen sollte, gibt es zwei Möglichkeiten, je nachdem, ob ihr nur zum Spaß, um eure Fähigkeiten zu trainieren, jemanden verfolgt habt, oder ob ihr tatsächlich einem Verdächtigen auf der Spur seid: Bei Test- oder Übungsermittlungen sagt ihr einfach die Wahrheit. »Wir haben Detektiv gespielt. Entschuldigen Sie, wenn wir Sie dadurch belästigt haben. Es tut uns Leid.« Normalerweise akzeptiert jeder Erwachsene bei Kindern eine solche Entschuldigung. Verfolgt ihr den Verdächtigen einer echten Straftat, kann eure Entdeckung sogar gefährlich werden. Ist es zum Weglaufen zu spät, und könnt ihr niemanden zu Hilfe rufen, dann stellt euch einfach dumm. Ihr könntet zum Beispiel sagen: »Ich weiß gar nicht, was Sie meinen. Wir haben doch hier nur gespielt.« Auf keinen Fall darf der Verdächtige zur Rede gestellt werden. Das könnte Lebensgefahr bedeuten!

Regel 4: Ermittler dürfen nie sich selbst oder andere gefährden

Für echte Detektive oder Polizisten bedeutet diese Regel, dass bei Verfolgungen zum Beispiel mit dem Auto immer Rücksicht auf Unbeteiligte genommen werden muss. Diese dürfen nicht durch unvorsichtiges oder zu schnelles Fahren gefährdet werden. Und wenn Straftäter bewaffnet oder in der Überzahl sind, sollen die echten Profis so lange warten, bis Verstärkung oder sogar ein Spezialkommando mit Panzerwesten eingetroffen ist. Aber auch als Kinderdetektive können wir uns selbst oder andere gefährden. Denk nur mal an das, was in Regel 3 gesagt wurde. Wenn du Zeuge eines Verbrechens geworden bist und dich der Täter gesehen hat, droht dir Gefahr. Und wenn jemand bemerkt, dass er verfolgt wird, könnte er Angst bekommen und sich durch deine Ermittlungen gefährdet sehen.

Immer Rücksicht auf Schwächere nehmen

Zu denen, denen wir Angst machen und die wir dadurch gefährden könnten, gehören vor allem jüngere Kinder und ältere Leute. Ein kleineres Kind könnte zum Beispiel bei einer Verfolgung Angst bekommen, dass du und deine Detektivkollegen ihm etwas tun wollen. Und nun stell dir bloß mal vor, aus lauter Angst würde das Kind unvorsichtig auf die andere Straßenseite flüchten und vor ein Auto laufen. Das wäre doch schrecklich ... Auch ältere Leute könnten Angst bekommen, wenn sie plötzlich von einer Detektivbande verfolgt werden. Denn die älteren Menschen wissen ja nicht, dass ihr Detektive im Einsatz seid. Ihr könntet ja auch Handtaschenräuber sein, vor denen man weglaufen muss. Wie schnell könnte es da passieren, dass sie beim Weglaufen hinfallen und sich einen Knochen brechen oder sogar einen Herzanfall bekommen. So etwas darf auf gar keinen Fall passieren! Deshalb müssen wir auf Schwächere oder Ältere immer besondere Rücksicht nehmen.

Regel 5: Falsche Verdächtigungen und blinder Alarm machen Detektive unglaubwürdig

Einer der schlimmsten Fehler für jeden Detektiv wäre es, einen Unschuldigen zu verdächtigen. Deshalb müssen wir ebenso sorgfältig nach Entlastungsmaterial suchen wie nach belastenden Beweisen. Außerdem könnte es ja auch sein, dass der tatsächliche Täter bewusst und ganz geschickt die Schuld auf einen anderen zu schieben versucht. Oft führt uns erst die Entlastung eines Verdächtigen auf die Spur des wirklichen Täters. Und natürlich müssen wir uns auch davor hüten, blinden Alarm bei der Polizei auszulösen.

Nie zu voreilige Schlüsse ziehen

Nimm mal an, du siehst einen Mann mit einer Plastiktüte ganz schnell aus einer Bank laufen. Natürlich kann man da vermuten, dass es sich um einen Bankräuber handelt, der seine Beute in der Tüte versteckt hat. Das kennt man ja auch aus dem Fernsehen. Aber: Diese Beobachtung allein darf noch kein Grund sein, sofort Alarm zu schlagen. Wir haben zwar einen Anfangsverdacht – aber der muss erst mal durch Vorermittlungen bestätigt werden. Also sollten beide Detektive (wieder siehst du, wie wichtig Regel 1 ist) blitzschnell einen Treffpunkt vereinbaren. Dann trennen sie sich, und einer behält den »Täter« im Auge, während der andere die Bank beobachtet. Denn vielleicht war es ja nur ein Bankkunde, der es besonders eilig hatte – weil er noch seinen Bus erreichen wollte ...

Detektiv-arbeit will gelernt sein

 **Profiermittler und Kinderdetektive im Einsatz**

Sicher hast du schon einige Detektivgeschichten gelesen und dir gewünscht, auch einmal einen kniffligen Fall zu lösen. Aber wie wird man eigentlich Detektiv? Und wo werden Detektive gebraucht?

Alles fing in London an

Das Wort »Detektiv« kommt aus der englischen Sprache.
Und die Engländer haben es aus dem Lateinischen abgeleitet, nämlich von dem Wort »detegere« (für aufdecken).
Denn genau genommen wurde der Detektivberuf in England erfunden. Dort nämlich wurde im Jahr 1750 die erste richtige Stadtpolizei der Welt gegründet.
Bis zu diesem Zeitpunkt sorgten in England und auch in deutschen Städten nur die Nachtwächter für Ordnung. Das waren städtische Angestellte, die nachts mit ihrer Laterne durch die Straßen zogen, nach dem Rechten sahen und dadurch für Sicherheit sorgen sollten. Für die Verhaftung von Verbrechern jedoch waren, bevor es die Polizei gab, Soldaten zuständig.
Chef der Londoner Polizei wurde im Jahr 1829 Sir Robert »Bobby« Peel. Nach ihm werden heute noch die Londoner Polizisten »Bobbys« genannt. Und er kam auf die Idee, die Polizeitruppe in Wachleute und in Aufklärer für Verbrechen zu unterteilen, nämlich in Detektive. Das war die Geburtsstunde der weltweit ersten Kriminalpolizei. Und die wurde nach ihrem Dienstgebäude, einer ehemaligen schottischen Residenz, »Scotland Yard« genannt.
Noch heute werden in England, Amerika und vielen anderen Ländern, etwa in der Schweiz, die Kriminalpolizisten »Detektive« genannt. Dort also kann ein Detektiv auch ein Polizist sein. In Deutschland und Österreich jedoch gibt es die Bezeichnung »Detektiv« bei der Polizei nicht. Wenn hier von Detektiven gesprochen wird, sind damit fast immer private Ermittler gemeint.

Die Gründung der ersten Detektivbüros

Eines der ersten ganz großen privaten Detektivbüros der Welt wurde 1850 von dem amerikanischen Kriminalisten Alan Pinkerton in Chicago (USA) gegründet. Er machte sich einen Namen durch die Ergreifung der legendären Verbrecher Butch Cassidy und Sundance Kid. Das Unternehmen gibt es heute noch unter dem Namen »Pinkerton National Detective Agency« und beschäftigt unter anderem Wirtschafts- und Industriedetektive (siehe Seite 16).

Trotzdem hast du noch nie etwas von Pinkerton und seinen Leuten gehört? Das ist kein Wunder. Denn Detektive haben es gar nicht gern, wenn ihr Name überall bekannt ist, jeder ihr Aussehen kennt – weil sie dann für jeden Verdächtigen sofort zu erkennen wären.

Die Aufgaben der Privatdetektive

Normalerweise sind die Aufklärung und die Verfolgung von Verbrechen ausschließlich Aufgabe von Polizei und Staatsanwaltschaft. Aber damit diese »Strafverfolgungsbehörden« überhaupt tätig werden können, muss erst mal eine Straftat begangen worden sein. Oder es muss zumindest deutliche Hinweise auf eine Straftat geben.

Privatdetektive haben deshalb oft die Aufgabe, vor der Polizei zu ermitteln. Sie sollen erste Beweise dafür erbringen, dass eine Straftat vorliegt, damit anschließend die Polizei tätig werden kann. Oft also ist die Arbeit der Detektive, die von Firmen oder Privatleuten beauftragt werden, eine Vorbereitung für die polizeilichen Ermittlungen.

Beispiel für einen Detektivauftrag:
Der Kirschenklau im Garten von Herrn Grün

Herr Grün hat einen wunderschönen Garten mit vielen Kirschbäumen. Jeden Morgen sind einige davon ratzekahl leer. Herr Grün hat den Verdacht, dass sein böser Nachbar, Herr Klau, die Kirschen erntet, aber Beweise für eine Straftat gibt es nicht. Die Polizei kann ihm in diesem Fall also nicht helfen.

Deshalb beauftragt Herr Grün den Privatdetektiv Schlau. Der legt sich nachts auf die Lauer und beobachtet tatsächlich, wie Herr Klau die Kirschen pflückt. Detektiv Schlau fotografiert ihn dabei heimlich, verfolgt ihn und findet heraus, dass Herr Klau die Kirschen auf dem Markt verkauft.

In der nächsten Nacht markiert Herr Schlau die Stiele der schönsten Kirschen mit drei schwarzen Punkten und legt sich auf die Lauer. Wieder taucht Herr Klau in aller Herrgottsfrühe auf und eilt mit den geklauten Kirschen zum Markt. Dort wird er bereits von zwei Polizisten in Empfang genommen. Das Foto von Detektiv Schlau und die markierten Stiele sind Beweis genug. Herr Klau muss mit auf die Wache und wird später angeklagt.

Privatdetektiv Schlau hat ganze Arbeit geleistet. Er hat die Beweise geliefert, dass die Polizei eingreifen und den Täter festnehmen konnte. Und im Gerichtsverfahren gegen Herrn Klau kann Herr Schlau außerdem als Zeuge aussagen, was er gesehen hat. Hier ist also erst durch die Arbeit des Detektivs nachgewiesen worden, dass es sich um einen wirklichen Kriminalfall handelt.

Die Geschichte mit dem Kirschenklau im Garten von Herrn
Grün ist ein typisches Beispiel für die Arbeit eines Privatdetektivs. Herr Grün hat ihn engagiert, weil die Polizei sonst
aus Mangel an Beweisen nicht eingegriffen hätte. Doch es
gibt noch weitere typische Aufgaben für private Detektive:
Kaufhausdetektive werden von Warenhäusern beschäftigt,
damit sie Ladendiebstähle verhindern und Kunden vor
Taschendieben schützen. Wird ein Dieb auf frischer Tat
ertappt, wird er der Polizei übergeben.

Industriedetektive sollen verhindern, dass in großen Unternehmen neue Entwicklungen und Erfindungen an die Konkurrenz verraten oder von der Konkurrenz gestohlen werden.

Wirtschaftsdetektive werden von Firmen damit beauftragt,
Informationen über andere Unternehmen zu beschaffen,
mit denen man Geschäfte machen will. Wichtigste Fragen:
Arbeiten diese Unternehmen ehrlich – oder sind sie bereits
für unsaubere Geschäfte bekannt?

Versicherungsdetektive sollen herausfinden, ob sich ein
gemeldeter Schadensfall wirklich so zugetragen hat oder
nur vorgetäuscht wurde, um die Versicherungssumme zu
kassieren. Sie werden beauftragt, wenn die Versicherung
zwar einen Verdacht hat, aber noch keine ausreichenden
Beweise vorliegen, um den Übeltäter wegen Versicherungs-
betrugs bei der Staatsanwaltschaft anzuzeigen.

Köpfchen ist wichtiger als eine Schusswaffe

All diese Beispiele für typische Detektivarbeit zeigen: Nicht
die Verfolgung und Verhaftung von Verbrechern ist die
Hauptaufgabe der Detektive, sondern das Sammeln von

Beweisen. Und dafür braucht man vor allem Köpfchen und auch Ideen, um Tätern eine Falle zu stellen und so an weitere Beweise zu kommen.

Wichtig für die Arbeit eines Detektivs ist deshalb vor allem eine gute Beobachtungsgabe, er muss schnell und richtig kombinieren können – aber auf eine Pistole können die meisten Detektive verzichten. Denn auch die Profis hören auf, wenn es gefährlich wird – und lassen dann die Polizei weitermachen.

Oft handelt es sich bei Detektiven allerdings auch selbst um ehemalige Polizisten. Denn normalerweise kann man nur dort lernen, was man über Verbrecher, ihre Fehler und das Sammeln von Beweisen wissen muss. Eine echte Detektivausbildung, mit der man nach der Schule wie mit einer Bäcker- oder Technikerlehre beginnen kann, gibt es nämlich nicht.

So kannst du ein echter Detektiv werden

Wer später mal ein echter Ermittler werden will, für den gibt es deshalb kaum eine andere Ausbildung als bei der Polizei. Nach der Schule und auch ohne Abitur kann man sich bei der Polizei bewerben. Jungen und Mädchen haben dort genau dieselben Chancen.

Wenn du angenommen wirst, erhältst du eine theoretische Grundausbildung, in der zum Beispiel Verhörtechniken und Rechtskunde auf dem Lehrplan stehen. Außerdem gibt es eine praktische Grundausbildung, zu der unter anderem Selbstverteidigungskurse, Schießunterricht und Waffenkunde und ein spezielles Fahrtraining gehören – damit man auch bei wilden Verfolgungsjagden im Polizeiwagen nicht die Gewalt über das Auto verliert, andere gefährdet und Unfälle verursacht.

Nach der Ausbildung beginnt der normale Dienst bei der Bereitschafts- oder Schutzpolizei. Die Bereitschaftspolizei wird zum Beispiel eingesetzt, wenn bei großen Veranstaltungen wie Fußballspielen oder Demonstrationen für Sicherheit gesorgt werden soll. Wer zur Schutzpolizei kommt, macht meistens normalen Schichtdienst auf dem Polizeirevier und im Streifenwagen, muss Unfälle oder Einbrüche aufnehmen oder den Verkehr regeln.

Hat ein junger Polizist oder eine Polizistin mehrere Jahre Berufserfahrung bei der Bereitschafts- oder Schutzpolizei erworben, können sie sich bei der Kriminalpolizei bewerben. Wer angenommen wird, macht einen Lehrgang an der Landespolizeischule. Und nach dem erfolgreichen Abschluss hat man auch die Chance, bis zum Chef einer Kriminalabteilung aufzusteigen, also Vorgesetzter von ganz vielen Ermittlern zu werden. Denn nach und nach kann man folgende Karrierestufen nehmen:

- Beamter zum Kriminalobermeister
- Kriminalhauptmeister
- Kriminalkommissar
- Kriminalhauptkommissar
- Kriminalrat
- Kriminaldirektor
- Leitender Kriminaldirektor

Also: Wenn du ganz viel Spaß am Ermitteln und an der Spurensuche hast, dann kommt für dich vielleicht wirklich mal eine Berufskarriere als echter »Detektiv« infrage.

Wie du deine Fähigkeiten als Detektiv testen kannst

Bevor du dich entschließt, ein richtiger Detektiv zu werden, solltest du erst einmal testen, ob du eine gute Spürnase hast und gut ermitteln kannst. Es gibt viele Möglichkeiten, deine detektivischen Fähigkeiten unter Beweis zu stellen. Am meisten Spaß macht es natürlich, mit Freunden Detektiv zu spielen, gemeinsam ausgedachte »Kriminalfälle« zu lösen oder festzustellen, wer am schnellsten mit den Ermittlungen fertig wird und sich dann Meisterdetektiv nennen darf. Dafür kann man mit Freunden einen Detektivklub gründen oder sogar in einem Wettkampf gegen die Mitglieder eines anderen Detektivklubs antreten. Aber es gibt noch andere Möglichkeiten, als Nachwuchsdetektiv sein Können zu zeigen und zu üben.

Der Verkehrsdetektiv

Finde durch Beobachtungen und Notizen heraus,

- welche der Straßen in deiner Umgebung am meisten befahren ist,
- woher die meisten dort fahrenden Autos (Kennzeichen) kommen,
- welchen Weg sie vermutlich (Landkarte) genommen haben,
- wann die meisten Autos unterwegs sind,
- wie viele Personen in einem Fahrzeug sitzen und
- ob es Unterschiede zwischen verschiedenen Tageszeiten sowie
- zwischen Wochentagen, Samstagen und Sonntagen gibt.

Der Naturdetektiv

Nimm mal an, du findest unter einem Baum einen leblosen jungen Vogel. Die Frage ist, ob es sich um einen Unfall handel oder ob da ein »Mord im Tierreich« aufzuklären ist. Versuche also durch Beobachtungen und Spurensuche festzustellen,

- ob der Vogel Verletzungen aufweist (bei der Untersuchung immer Gummihandschuhe tragen),
- ob es hier streunende Katzen gibt,
- ob Raubvögel unterwegs sind,
- welche Tiere überhaupt zu beobachten sind und
- ob es sich um einen Einzelfall handelt oder
- ob da eventuell ein unheimlicher »Massenmörder« im Tierreich sein Unwesen treibt.

Der Umweltdetektiv

Nimm mal an, irgendwo hat mal wieder jemand Müll in der Natur abgeladen. Mit der typischen Ausrüstung eines Umweltdetektivs, nämlich Gummistiefeln und Gummihandschuhen, gehst du nun an diese Übungsaufgabe für einen echten Kriminalfall: Versuche herauszufinden,

- ob es sich um Haushaltsabfälle oder Müll von einem Kiosk oder einer Imbissbude handelt,
- ob frische Reifenspuren auf einen Mülltransport aus der Ferne sprechen,
- ob sich, wenn es Indizien für einen Kiosk oder eine Imbissbude gibt, solche verdächtigen Objekte in der Nähe befinden,
- ob dort dieselben Verpackungen benutzt werden, wie du sie im Müll gefunden hast,

- ob im Müll Briefe oder Rechnungen mit Hinweisen auf den Empfänger zu finden sind,
- ob an Umzugskartons oder Sperrmüllmöbeln noch Lieferadressen zu entdecken sind oder
- ob vielleicht von Flaschen oder anderen Behältern mit verdächtigen Flüssigkeiten oder Stoffen (nicht anfassen) eine besondere Umweltgefahr ausgehen könnte.

Natürlich darfst du den Müll bei deinen Untersuchungen nicht verstreuen und so den Schaden für die Umwelt noch größer machen. Und wenn du tatsächlich gefährlich aussehende Stoffe findest (erkennbar oft an den Warnzeichen) oder es eindeutige Hinweise auf den Verursacher gibt, solltest du mit deinen Eltern besprechen, ob vielleicht sogar die Umweltbehörde eingeschaltet werden sollte.

Der Schuldetektiv

Stell dir mal vor, irgendjemand aus deiner Schulklasse würde verdächtigt, ein anderes Kind gehauen oder in einem Geschäft eine Tüte Bonbons gestohlen zu haben. Wenn du dir nicht vorstellen kannst, dass die Vorwürfe stimmen und sie auch vom betroffenen Kind glaubhaft bestritten werden, könntest du dich auf die Suche nach entlastenden Beweisen machen. Dabei ist zum Beispiel ganz wichtig,

- ob das Kind ein Alibi hat,
- ob das Alibi von Zeugen bestätigt werden kann oder
- ob es eventuell eine Verwechslung gab.

Vielleicht gelingt es dir ja, eindeutige Beweise zu finden und so eine unschuldige Mitschülerin oder einen unschuldigen Mitschüler von einem falschen Verdacht zu befreien oder sogar den wahren Täter zu überführen.

Tricks bei Tarnung und Verfolgung

☞ **So bist du deinen Gegnern garantiert immer einen Schritt voraus**

Stell dir vor, du hast einen Verdächtigen aufgespürt und möchtest ihn nun beschatten. Aber wie beobachtest du ihn möglichst unauffällig? Oder du wirst selbst verfolgt und möchtest deinen Verfolger abschütteln. Aber wie führst du deinen Gegner am besten in die Irre oder stellst ihm eine Falle?

Was bei Verkleidung und Tarnung wichtig ist

Wenn wir die Beschattung eines Verdächtigen planen, dürfen wir natürlich nicht allzu leicht zu entdecken sein. Denn wenn jemand merkt, dass wir ihn verfolgen, wird er uns auszutricksen versuchen.

Nun wäre es zwar ganz leicht, sich für eine Beschattung immer wieder neu zu verkleiden. Aber manchmal kann uns gerade unsere Verkleidung verraten. Je normaler wir aussehen, je normaler wir uns verhalten, desto weniger wird der andere auf uns aufmerksam und desto weniger laufen wir Gefahr, entdeckt zu werden.

Beispiele für gute und schlechte Tarnung

● Wenn ein Kind in einem viel zu großen Trenchcoat, mit einem Hut auf dem Kopf und einem angeklebten Schnurrbart an einer Bushaltestelle lehnt, eine Zeitung mit einem Loch vor sich hält und auffällig immer in dieselbe Richtung schaut, wird jeder mit Sicherheit sofort auf diesen ungeschickten »Geheimagenten« aufmerksam.

● Wenn zwei ganz normal gekleidete Kinder an einer Bushaltestelle sitzen und dabei Karten spielen, wird niemand auch nur den kleinsten Verdacht schöpfen. Nicht einmal dann, wenn sie abwechselnd immer wieder in dieselbe Richtung schauen. Denn jeder wird denken, dass sie dort auf den Bus oder jemanden anderen warten, mit dem sie sich an der Haltestelle verabredet haben.

Spaß bei einem Verkleidungsspiel

Bei echten Ermittlungen benötigen wir kaum eine Verkleidung. Wenn wir aber einen Detektivklub gegründet haben und uns eventuell auch zu Wettspielen mit anderen Klubs treffen wollen, dann können wir auf einen Verkleidungskoffer nicht verzichten.

Gibt es keine zwei Detektivklubs, bilden wir aus den Mitgliedern unseres eigenen und eventuell Mitschülern oder Kindern aus der Nachbarschaft zunächst zwei Detektivteams. Abwechselnd verkleidet sich nun immer ein Mitglied von jedem Team, die anderen müssen versteckt bleiben. Und nun darf das gegnerische Team nur einmal raten, wer von der anderen Mannschaft sich hinter der Verkleidung verbirgt. Die Gruppe, die am Ende die meisten Verkleidungen durchschaut hat, ist das Gewinnerteam.

Was in unseren Verkleidungskoffer gehört

- Perücken
- Hüte
- Falsche Bärte und Schnurrbärte
- Falsche Augenbrauen
- Schminke (dunkler und heller Puder, Make-up, Augenbrauenstifte, Lippenstifte, Rouge, Wimperntusche, Lidschatten, Schminkstifte für Sommersprossen
- Schleifen, Spangen, Kopftücher
- Mehrere Brillen, auch Sonnenbrillen
- Schals, Schuhe, Handschuhe
- Jacken, Mäntel und Hemden mit großen Kragen (zum Verstecken eines kleinen Mikrofons)

- Modeschmuck
- Große Tageszeitung (als Versteck bei Observationen)
- Trillerpfeife (als Notsignal)

Die große Kunst der richtigen Beschattung

Du weißt schon, dass wir uns beim Beobachten und Verfolgen eines Verdächtigen so harmlos wie möglich verhalten müssen. Am unauffälligsten ist es immer, wenn man sich bei einer Verfolgung in einer größeren Menschenmenge bewegen kann.

Die wichtigsten Kleidungstipps für Verfolger
- Am besten trägt man Schuhe mit einer weichen Gummisohle – die verursachen die geringsten Schrittgeräusche.
- Helle oder auffällig farbige Kleidung (z.B. rote oder gelbe Jacken) sollte vermieden werden, am besten ist dunkelgraue Kleidung geeignet.
- Jacken sollten immer einen Kragen zum Hochklappen oder eine Kapuze haben, die sich weit ins Gesicht ziehen lässt – vor allem bei Dunkelheit. Denn da kann ein unverdecktes Gesicht fast so hell leuchten wie eine Lampe.

Manchmal sieht man übrigens in Detektiv- oder Agentenfilmen, dass Erwachsene beim Anzünden einer Zigarette das Streichholz oder Feuerzeug so in den Handflächen verbergen, dass der Verdächtige den Lichtschein nicht sehen kann. Dieses Verhalten aber kann bei einem bewaffneten Verdächtigen tödlich für den Verfolger sein. Denn der direkte Feuerschein wird zwar durch die Handflächen verborgen

– aber die reflektieren das Licht wie ein Spiegel und beleuchten dadurch das Gesicht des Agenten oder Detektivs. Und das wird dadurch zu einer riesengroßen, hell erleuchteten Zielscheibe.

Außerdem müssen Detektive oder Agenten bei einer Beschattung auch noch folgende Grundregeln beachten:

● Sie dürfen verdächtigen Personen auf keinen Fall zu dicht folgen und sollten nach Möglichkeit die andere Straßenseite benutzen.

● Sie sollten, wenn die Sonne scheint, immer versuchen, sich im Schatten aufzuhalten.

● Sie sollten nie auf der Straßenseite gehen, auf der die Laternen aufgestellt sind, und einen großen Bogen um hell erleuchtete Schaufenster machen.

● Sie sollten darauf achten, dass zwischen ihnen und dem Verfolgten Bäume oder Autos stehen. Sie sind immer für den Verfolgten eine viel größere Sichtbehinderung als für einen Verfolger.

● Sie sollten sich bei längeren Verfolgungen mit einem Agenten- oder Detektivkollegen abwechseln, der in großem Abstand hinter ihnen geht und dadurch völlig im Hintergrund bleibt, also nicht den Verdächtigen, sondern seinen eigenen Partner verfolgt.

Ganz dumm wäre es, bei einer Verfolgung von einer Tarnung (Telefonzelle, Hauseingang, geparktes Auto) zur nächsten zu laufen, um sich dort erneut für kurze Zeit zu verstecken. Dieses Springen von einem Versteck zum anderen ist zehnmal auffälliger als normales Gehen.

Der Trick mit der Autobeleuchtung

Ein echter Detektiv oder Agent wird übrigens immer die Innenbeleuchtung seines Autos ganz abschalten. Normalerweise beginnt nämlich die Lampe beim Öffnen der Tür zu leuchten. Das aber kann lebensgefährlich sein. Wenn der Detektiv zu einem Einsatz gerufen und dort von dem Verdächtigen oder dessen Bande schon erwartet wird, geht auch dann beim Aussteigen das Licht an. Und der Detektiv gibt dann eine große, hell erleuchtete Zielscheibe ab …

Wie sich echte Ermittler bei Dunkelheit verhalten

Manchmal kommt es natürlich auch vor, dass ein Verdächtiger in absoluter Dunkelheit verfolgt werden muss, etwa in den Tunneln der Kanalisation oder in einem unbeleuchteten Gebäude. Dann sollten echte Detektive auf jeden Fall versuchen, ohne Taschenlampe auszukommen. Es dauert nur wenige Minuten, bis sich unsere Augen an die Dunkelheit gewöhnt haben und auch dort noch ganz gut sehen können. Wenn aber unbedingt eine Taschenlampe benutzt werden muss, lernen Polizeischüler folgende Tricks:

● Halte die Taschenlampe als Rechtshänder immer in der linken Hand und
● halte die Taschenlampe weit über deinen Kopf und vom Körper weg nach schräg oben ausgestreckt.

Die Gründe dafür: Erstens bleibt die rechte Hand für eine Schusswaffe frei, und zweitens versucht ein Schütze aus der Dunkelheit heraus immer direkt auf das Licht zu schießen, weil das die beste Zielscheibe ist. Wird die Lampe direkt vor dem Körper getragen, ist ein auf das Licht abgegebener Schuss sehr wahrscheinlich ein Volltreffer.

Bei der weit vom Körper weggestreckten Lampe aber könnte allenfalls der relativ dünne Arm getroffen werden. Das aber ist unwahrscheinlich, weil er kein großes Ziel abgibt. Und wenn doch, wird ein Schuss in den Arm oder die Hand im Normalfall nie tödlich sein.

So schützen sich Profis selbst vor Verfolgern

In der echten Polizei-, Detektiv- und Agentenarbeit ist es nicht ungefährlich, jemanden zu verfolgen. Denn erstens könnte der dadurch gewarnt werden und eine erfolgreiche Flucht wagen und zweitens könnte er bewaffnet sein.
Noch schlimmer wäre es, wenn der Verdächtige einen Komplizen hat, der auf mögliche Verfolger achten und sie ausschalten soll. Und außerdem wäre es ja auch für uns als Detektive ganz schön peinlich, wenn wir selbst vom Verfolger zum Verfolgten würden. Deshalb ist es nicht nur wichtig, einen anderen perfekt und unerkannt zu beschatten, sondern wir müssen uns auch selbst vor Verfolgern schützen.

Das tun echte Agenten und Detektive, wenn sie sich selbst verfolgt fühlen

- Sie beobachten in einem kleinen Handspiegel oder in glänzenden Auto- oder Fensterscheiben den Weg hinter sich – weil das weniger auffällt als verstohlene Blicke über die Schulter.
- Sie biegen an der nächsten Kreuzung nach links ab, dann wieder nach links und noch einmal nach links (oder dreimal nach rechts). Nun stehen sie wieder da, wo sie vorher schon mal waren. Das macht normalerweise keinen Sinn.

Folgt der andere jetzt immer noch, bestätigt sich der Verdacht.

- Sie drehen sich ganz plötzlich herum. Dreht sich dann auch der vermeintliche Verfolger um oder versucht sich zu verstecken, ist sein Verdacht richtig.

- Sie tauchen in einer möglichst großen Menschenmenge unter und bewegen sich mit ihr in dieselbe Richtung.

- Sie gehen zu einer Bus- oder Bahnhaltestelle und halten sich direkt neben einer Tür auf – steigen aber erst im letzten Moment wirklich ein (für uns als Kinderdetektive wäre das natürlich viel zu gefährlich!).

- Sie verschwinden in einem Hausflur, Geschäft, Café oder Restaurant und ändern dort (eventuell auf der Toilette) ihr Aussehen oder verschwinden sofort wieder durch einen Hinterausgang (z.B. von der Restaurantküche) oder ein Fenster.

- Sie betreten ein Hotel, fahren mit dem Aufzug dirket in das drittletzte Stockwerk und gehen sofort wieder über die Treppe hinunter. Der Verfolger wird, weil sie nicht ins letzte Stockwerk fahren, nicht vermuten, dass sich dort das Zimmer befindet, und mit dem nächsten Aufzug folgen. Währenddessen läuft man aber über die Treppe wieder hinaus. Dieser Trick klappt natürlich nicht bei zwei Verfolgern. Da könnte nämlich einer unten vor dem Hotel stehen bleiben und den Eingang im Auge behalten.

Wer einen Verfolger oder Beschatter vor seinem Haus vermutet, setzt eine große Puppe mit eigener Kleidung und gleicher Frisur (kann man aus Kissen und einem Besen oder Wischmob bauen) vor das Fenster und stellt anschließend das Licht so ein, dass die Puppe beleuchtet wird und Umrisse wirft. Dann schlüpft der Profi verkleidet durch den Hintereingang oder ein Kellerfenster aus dem Haus. Und nun kann er selbst den gegnerischen Beschatter dabei beobachten, wie der die Stellvertreterpuppe anstarrt.

Der Profitrick mit dem dunklen Zimmer

Wenn es draußen dunkel ist, kann man in einem hell erleuchteten Zimmer jede Einzelheit erkennen, erst recht jede Bewegung an Gardinen, Rollos oder Vorhängen. Wollen wir uns vergewissern, ob ein Beobachter vor dem Haus steht, müssen wir deshalb wie folgt vorgehen:

1. Wir löschen das Licht in dem Zimmer, aus dem wir beobachten wollen.
2. Wir gehen in ein ebenfalls zur Straße gelegenes Nebenzimmer, schalten dort das Licht ein und ziehen dann Vorhänge oder Rollo zu.
3. Wir kehren in das erste, jetzt dunkle Zimmer zurück und versuchen nun, von dort aus die Straße zu beobachten.

Unser Beschatter wird uns im nun erleuchteten Zimmer vermuten und das dunkle Fenster kaum noch beachten. Die Entdeckungsgefahr ist deshalb sehr gering.

Wie Berufsspione mit dem Taxitrick arbeiten

Profis nutzen noch eine andere Möglichkeit, einem Beobachter zu entwischen: Sie rufen ein Taxi. Dort hinein steigt dann aber in ihrem Auftrag eine andere Person mit ähnlicher Größe und Statur, die genau dieselbe Kleidung trägt, in der unser Profi vorher zuletzt von seinem Beschatter gesehen wurde.

Beim Verlassen des Hauses und beim Einsteigen ins Auto sollte diese Person

- einerseits dem Beschatter nie das Gesicht zuwenden, damit der den Schwindel nicht bemerkt, und
- andererseits sollte die Hilfsperson noch besonders auffällig nach links und rechts sehen, am besten schon in der Tür. Das sieht so aus, als wollte sie prüfen, ob die Luft rein ist.

Wegen dieses Verhaltens und der Kleidung wird der Beschatter glauben, es handle sich um seine Zielperson, die ihn nun mit dem Taxi abhängen wolle. Er wird das Taxi verfolgen. Und der echte Profi, der all dies hinter einem dunklen Fenster beobachtet hat, hat nun freie Bahn für seine Flucht.

Hatte er es mit zwei Beschattern zu tun, von denen einer das Taxi im Auto verfolgt und der andere zu Fuß vor der Tür wartet, sollte unser Profi mit seiner Flucht noch ein bisschen warten. Dann kann er dafür ein weiteres Taxi oder sein eigenes Auto benutzen. Selbst wenn der Fußgängerbeschatter seinen Kollegen im Auto über Funk informieren kann, käme der mit dem Auto viel zu spät zurückgebraust, um noch die Verfolgung aufzunehmen.

So legt man in seiner eigenen Wohnung Agentenfallen

Wichtig für jeden Profidetektiv oder echten Geheimagenten ist natürlich zu wissen, ob er von seinen Gegnern schon enttarnt oder sogar seine Wohnung durchsucht wurde. Das aber bekommt man heraus, indem man einige Fallen legt. Damit können wir übrigens auch feststellen, ob unsere Geschwister mal wieder in unserem Zimmer herumgestöbert haben oder eine gegnerische Detektivbande unseren Klubraum durchsucht hat.

Die folgenden Fallen sind sehr einfach zu legen und trotzdem wirkungsvoll:

- Du klemmst unten in die Türritze einen winzigen Schnipsel Papier, der dieselbe Farbe wie der Fußboden haben sollte. Wenn jemand das Zimmer in deiner Abwesenheit betreten hat, erkennst du das am auf dem Fußboden liegenden Papierschnipsel.

- Du klebst mit Klebestreifen einen ganz dünnen Faden dicht über dem Fußboden an beiden Seiten des Türrahmens fest. Der Faden fällt ab oder reißt, sobald jemand durch die Tür geht.

- Du klemmst ein kleines Stückchen weiße Kreide unter eine Schublade oder Schranktür. Wenn die von jemandem geöffnet wurde, ist das später an Schleifspuren der Kreide auf dem Schubladenbord oder der Schrankunterseite erkennbar.

- Du schiebst Schubladen nie ganz zu, sondern lässt sie unterschiedlich weit aus dem Möbelstück herausgucken: die erste zwei Millimeter, die nächsten beiden drei Millimeter, die nächste wieder zwei Millimeter und so weiter. Dann notierst du dir genau die Maße jeder einzelnen Schublade. Stimmen die Maße später nicht ganz genau überein oder sind alle Schubladen ganz hineingeschoben, ist das der Beweis für eine Durchsuchung.

- Bei Klubräumen in einem Keller oder Gartenhaus streust du (nach vorheriger Erlaubnis durch deine Eltern) Talkumpuder auf den Teppichboden. Wenn jemand darauf tritt, werden seine Fußabdrücke sichtbar.

● Du markierst die Position von Möbelstücken, Geschirr oder anderen Gegenständen des Zimmers mit Haaren, die du im wahrsten Sinne des Wortes haargenau bis an den Rand des jeweiligen Gegenstandes darunter legst. Entweder bemerkt der andere das Haar gar nicht, oder er wischt es weg. Liegt es später aber nicht mehr ganz genau so, wie du es platziert hast, ist auch das ein Zeichen für eine Durchsuchung.

Spaß mit geheimen Abhöraktionen

Für echte Ermittler und Spione gehören zur Beschattung einer verdächtigen Person oft auch geheime Abhöraktionen. Dafür werden dort, wo sich der Verdächtige aufhält, winzige Mikrofone versteckt, so genannte Wanzen. Damit können über Kilometer hinweg Gespräche belauscht und auch auf Tonband aufgenommen werden, ebenso natürlich Telefonate. Nur: Für uns als Kinderdetektive sind solche teuren Apparate unerschwinglich. Trotzdem können wir spielerisch üben, Wanzen zu verstecken oder die von der Gegenseite versteckten Wanzen zu finden.

Training mit dem Wanzenspiel

Für dieses Spiel benötigen wir mindestens zwei Detektive, außerdem Stecknadeln mit bunten Plastikköpfen und eine Stoppuhr oder eine Spielsanduhr. Die Stecknadeln sind unsere Wanzen. Nachdem ein Detektiv oder Geheimagent

die fünf vorher ausgewählten Wanzen (z.B. fünf rote Stecknadeln) in einem Zimmer versteckt hat, müssen der andere
oder die anderen innerhalb einer vorher abgesprochenen
Zeit (z.B. drei Minuten auf der Stoppuhr oder bis zum
Ablauf der Spielsanduhr) versuchen, so viele Wanzen wie
möglich zu finden. Nach jedem Durchgang schreiben wir
auf, wie viele Wanzen innerhalb welcher Zeit gefunden wurden. So geht es immer abwechselnd. Sieger ist am Ende

- entweder der beste Wanzenverstecker, also derjenige,
  von dem die wenigsten Wanzen gefunden wurden,
- oder der beste Wanzenfinder, der innerhalb der kürzesten
  Zeit die meisten versteckten Mikrofone gefunden hat.

Für fortgeschrittene Detektive kann man das Spiel auch
noch erschweren:

Zunächst einmal werden einige Gegenstände, die eine
getarnte Wanze sein könnten (z.B. Bleistiftspitzer, Bonbon,
Brillenetui, CD-Hülle, Feuerzeug, Radiergummi, Zigaretten-
schachtel), in eine kleine Kiste mit Deckel gelegt.

Dann geht einer der Detektive mit dieser Kiste in das zu
überwachende Zimmer und versteckt dort eine der Wanzen
aus der Kiste. Anschließend stellt er die verschlossene Kiste
auf den Tisch und ruft die anderen hinein. Sie müssen jetzt
durch Beobachtung und Suche feststellen, welche Wanze
aus der Kiste wo zum Einsatz gekommen ist. Dafür jedoch
steht nur eine vorher festgelegte Zeitspanne zur Verfügung.
Ist diese abgelaufen, verlassen wieder alle Spieler den
Raum, der Wanzenverstecker legt die Wanze zurück in die
Kiste, und ein anderer Mitspieler versteckt nun eine andere
Wanze für die nächste Runde. Der Sieger wird wie im Spiel
zuvor ermittelt.

Das Spiel klingt vielleicht ganz einfach – aber Achtung: Weil jeder mal mit dem Verstecken der Wanze dran ist, darf er den anderen beim Suchen keine Hinweise auf Verstecke geben, die er selbst in einer der nächsten Runden noch benutzen will. Es ist also ganz besonders wichtig, seine eigene Suche möglichst gut zu tarnen. Und darum kommen drei Punkte zusammen, die dieses Spiel so schwierig machen:

● Keiner weiß, wonach zu suchen ist.
● Keiner darf die Verstecke zu offensichtlich untersuchen, die er selbst wählen würde.
● Trotzdem muss jeder so schnell wie möglich fündig werden, um einen Punkt zu bekommen.

Und damit hat dieses Spiel viel mit echter Beschattung zu tun: Denn man muss alles herausbekommen – aber keiner darf wissen, wie man's geschafft hat.

Die besten Verstecke für Wanzen

Es gibt viele Möglichkeiten, in einer Wohnung Wanzen zu verstecken, da sie normalerweise ja sehr klein sind. Es kommt natürlich auch darauf an, welche Möbel und Einrichtungsgegenstände im Raum sind. Aber folgende Verstecke bieten sich fast überall an:

● unter einer Tischplatte
● unter einem Telefon
● unter einem Bett
● über einem Türrahmen
● hinter einem Abfluss- oder Heizungsrohr
● in einer Pflanze
● hinter einem Vorhang

Spurensiche-
rung und
Verhörtechnik

☞ **Jede noch so kleine Spur kann
einen Täter überführen**

Sicher hast du schon gehört,
dass viele Verbrecher aufgrund
ihrer verräterischen Fingerabdrücke gefasst wurden. Aber
wusstest du auch, dass Fußabdrücke oder auch nur ein einzi-
ges Haar die Schuld eines
Täters beweisen können? Und
weißt du, woran ein guter
Detektiv erkennt, dass ein Verdächtiger lügt?

Die Ausrüstung für einen Detektiv im Außendienst

Bei einem echten Verbrechen nehmen die Spurensicherungsteams der Kriminalpolizei den Tatort Millimeter für Millimeter unter die Lupe. Dabei tragen sie Handschuhe und Schutzanzüge und oft auch Haarnetze, damit sie nicht durch ihre eigenen Fingerabdrücke oder eigenen Haare und Fasern ihrer Kleidung falsche Spuren legen.
Auch du brauchst für deine Detektivübungen das richtige Handwerkszeug, um stets für Ermittlungen und Nachforschungen gerüstet zu sein. Profis bewahren die technische Ausrüstung in einem geeigneten Transportbehältnis auf, damit sie stets alles greifbar haben. Dafür bietet sich zum Beispiel ein Angelkasten oder ein Werkzeugkoffer aus Kunststoff an. Es geht aber auch eine alte Aktentasche oder ein nicht mehr benutzter Schulranzen.

Die technische Grundausstattung für Kinderdetektive
- Notizblock, Bleistift, Kugelschreiber, auch Ersatzstifte
- Lupe und Ersatzlupe
- Dünne Gummihandschuhe
- Weißes und schwarzes Pulver für Fingerabdrücke, zum Beispiel gemahlene Kreide oder weißer Talkumpuder oder geriebene Holzkohle oder Bleistiftpulver
- Zwei spitze Haarpinsel zum Auftragen des Pulvers, einer für das helle, einer für das dunkle
- Transparenter Klebefilm
- Pinzette zum Aufnehmen kleiner Gegenstände und Beweisstücke (z.B. Haare)

- Mehrere Briefumschläge oder Plastikbeutel zum Aufbewahren kleiner Beweisstücke
- Mehrere große, feste Briefumschläge oder Kunststoffbeutel für größere und schwerere Beweisstücke
- Tafelkreide (ein bis zwei Stück) zum Hinterlassen eures Klubzeichens oder wichtiger Hinweise
- Bandmaß oder Zollstock
- Mehrere Bogen Pauspapier zum Kopieren von Schuh- oder Reifenabdrücken oder sonstigen Spuren
- Taschenmesser
- Taschenlampe mit Ersatzbirnchen und Ersatzbatterien
- Schere
- Gipspulver, ein fest verschraubtes Wasserfläschchen aus Kunststoff sowie ein kleiner Spachtel und ein Gummibecher zum Anrühren von Gips, mit dem wir in lockerer Erde Fuß- oder Reifenspuren ausgießen können.

Schön wäre es auch, wenn ihr einen Fotoapparat mit Blitzlicht und Ersatzfilme sowie zwei Handfunksprechgeräte im Einsatzkoffer liegen habt. Vielleicht wären das ja auch tolle Geschenkwunschideen für euren nächsten Geburtstag.

Was bei Profiermittlern noch zur Ausrüstung gehört

Bisher unterscheidet sich unser Einsatzkoffer noch gar nicht von dem eines Profiermittlers bei echten Kriminalfällen. Aber die Polizei und große Detektivbüros haben natürlich viel mehr Geld zur Verfügung als wir. Deshalb können die auch richtig teure Spezialgeräte einsetzen. Und zur Grundausbildung eines Kinderdetektivs gehört natürlich auch, diese Geräte der Profikollegen zu kennen und zu wissen, wofür sie benutzt werden, was mit ihnen gemacht wird.

Laserstrahl-Detektor

Dieses Gerät arbeitet präziser als ein menschliches Auge und kann auch noch die schwächsten Fußabdrücke auf einem Teppichboden erkennen und außerdem vermessen. Der Laserstrahl-Detektor nimmt dazu ein Hologramm des Fußabdruckes auf, so nennt man ein räumliches Bild. Daraus lassen sich dann durch Computerberechnungen sogar Rückschlüsse auf die Größe, das Körpergewicht und die Statur des Täters ziehen.

Spektrometer

Hiermit können zum Beispiel Glas- und Farbsplitter sowie Lackreste analysiert werden. Wenn solche Materialien unter das Spektrometer (eine Art Mikroskop) gelegt werden, können Rückschlüsse auf Fabrikat, Modell und Baujahr des Autos gezogen werden. Die Kriminaltechnischen Untersuchungsstellen haben übrigens eine riesige Sammlung von Farbproben – für alle bei uns angemeldeten Automodelle.

Infrarot-Sensor

Diese »Fernsehkamera« nimmt die unsichtbaren Wärmestrahlen eines menschlichen Körpers im Dunkeln auf und zeigt sie wie ein Foto. Verfeinerte Infrarot-Sensoren werden auch zur ständigen Überwachung eines Ortes eingesetzt. Hiermit können Einbrecher auch in der Dunkelheit gefilmt werden.

Videokamera mit Tonspur

Hiermit werden Bewegungsabläufe und Geräusche aufgenommen wie bei Fernsehaufzeichnungen. Diese Kameras werden an Schauplätzen großer Verbrechen eingesetzt, zum Beispiel bei Banküberfällen, Geiselnahmen und Verfolgungsfahrten.

So wichtig ist Spurensicherung:
Das Beispiel mit dem Toten im Wald

Ein Spaziergänger findet im Wald die Leiche eines offenbar erwürgten Mannes. Er alarmiert die Polizei. Kurze Zeit nach der Kripo treffen die Experten von der Spurensicherung ein. Sie entdecken zunächst frische, noch nicht vom Regen des Vortages verwaschene Reifenspuren im weichen Boden des Waldwegs. Diese Spuren werden fotografiert, und von der Reifenspur wird ein Gipsabdruck angefertigt.

Erste Erkenntnisse: Noch bevor der Gerichtsmediziner die genaue Todeszeit feststellt, ist schon sicher, dass der Tote noch nicht lange, sondern erst seit dem letzten Regenguss hier liegt. Profilbreite und -tiefe lassen außerdem schon jetzt ungefähr auf die Größe des Autos schließen. In diesem Fall muss es bedeutend größer als ein Kleinwagen gewesen sein.

Die Beamten zupfen mit der Pinzette ein paar Haare des Opfers ab, da sich mit Sicherheit in dem gesuchten Wagen auch Haare befinden. Stimmen diese überein, deutet dies später zusätzlich auf das Täterfahrzeug hin. An einer Stelle entdeckt man auch frische Fußabdrücke und eine Spur, die wie ein Ausrutscher auf dem da wohl noch regennassen Boden aussieht. Die Fußabdrücke passen nicht zu den Schuhen des Opfers. Es könnten Abdrücke des Täters sein.

Noch mehr Erkenntnisse: Bei dem Fundort handelt es sich kaum um den Tatort. Es gibt keine Fußabdrücke des Toten. Er muss also hierhin getragen worden sein.

Die Polizei findet noch mehr Spuren. An der Kleidung des Ermordeten befinden sich winzige braune Lacksplitter. Diese werden unter das Spektrometer gelegt. Die Polizei erkennt, dass es sich um verschiedene Lacke in verschiedenen Farben handelt. Sie deuten nicht auf eine fabrikmäßige Lackierung, sondern auf eine ziemlich gepfuschte Eigenarbeit hin.

Weitere Erkenntnisse: Das Auto wurde mehrmals lackiert, die oberste Lackschicht blätterte offensichtlich schon ab.

An den Schuhen des Opfers haften einige Fäden eines dunkelblauen Kunstfasergewebes, die offenbar von einer Autofußmatte stammen. Außerdem entdeckt die Spurensicherung an der Strickjacke einen winzigen roten Lederfetzen. Beide Beweisstücke werden sichergestellt und unter das Spektrometer gelegt.

Noch mehr Erkenntnisse: Der Lederfetzen stammt von einem sehr alten Autoledersitz, der heute gar nicht mehr hergestellt wird. Auch die Fußmatte, von der die dunkelblauen Faserreste stammen, ist im Handel nicht mehr erhältlich.

Die Ergebnisse der Spurensicherung
Ab sofort fahndet die Polizei nach einem großen braunen Auto mit abblätternder Lackierung, alten oder zerschlissenen roten Ledersitzen und dunkelblauen, total abgewetzten Fußmatten, von denen sich Gewebefäden lösen.

Die Ergebnisse der Fahndung

Die Suche nach diesem Wagen dauerte Monate und endete
– wie so oft – mit einem Zufallstreffer! Ein Polizist gab sein
privates Auto wie immer in einer kleinen Werkstatt zur
Reparatur. Auf dem Hof standen noch einige andere, ältere
Wagen, darunter ein langer roter amerikanischer Straßen-
kreuzer mit großen Rädern, an denen die Reifen fehlten.
Wegen des auffälligen Autotyps schaute der Polizist ins
Wageninnere und sah die roten abgewetzten Ledersitze und
die dunkelblauen zerschlissenen Fußmatten. Der Polizist
wusste sofort, wonach er suchen musste. Er kratzte unbemerkt leicht an der oberen roten Lackschicht, und zum Vor-
schein kam eine braune Lackfarbe. In der kleinen Halle
lagen neben der Hebebühne vier alte Reifen, die von der
Größe her zu dem alten, aber jetzt frisch lackierten amerikanischen Schlitten gehören konnten.
Schnell und unbemerkt informierte er seinen Vorgesetzten.
Dieser schickte ein paar Kripobeamte zu der Werkstatt, die
das Material sicherstellten und weitere Spuren suchten.
Im Inneren des Sraßenkreuzers fanden die Beamten sogar
trotz offensichtlich durchgeführter Reinigung im Koffer-
raum einige Haare.

Die Beweiskette schließt sich

Im Labor wurden diese Spuren mit denen des Tatortes verglichen. Es passte alles zusammen, Leder- und Kunststoff-
fetzen, auch die Lackspuren und die Haare stimmten mit
denen vom Tatort im Wald überein. Aufgrund der ausge-
werteten Spuren handelte es sich hier eindeutig um das
Tatfahrzeug.

Die Polizei ermittelte den letzten Halter des jetzt abgemeldeten Fahrzeuges. Es handelte sich um einen mehrfach vorbestraften Einbrecher. Bei der Vernehmung gestand er das Verbrechen. Er war von dem anderen Mann, einem ehemaligen Komplizen, erpresst worden. Bei der verabredeten Geldübergabe hatte er den Erpresser niedergeschlagen, dann erwürgt und in den Wald gefahren. Beim Tragen des Toten war er ausgerutscht und hatte sein Opfer gegen das Auto fallen lassen. So waren Ausrutschspur und Lacksplitter an der Kleidung des Toten zu erklären. Die Ermittlungsakte ging an die Staatsanwaltschaft. Die Anklage lautet auf Mord!

Perfekte Spurensicherung: Das ist wichtig für deine Arbeit

Aus der Geschichte mit dem Toten im Wald hast du erfahren, wie wichtig die Sicherung und die Auswertung von Spuren ist und welche Rückschlüsse sich daraus ziehen lassen. Deshalb ist die Spurensicherung immer unsere erste Aufgabe, noch bevor wir Zeugen verhören. Denn finden lässt sich am Tatort fast immer etwas: In 99 Prozent aller Fälle lassen der oder die Täter Spuren am Tatort zurück.

Ehe du mit der Spurensuche beginnst, solltest du dir allerdings immer Handschuhe anziehen. Und dann musst du besonders vorsichtig vorgehen, um keine Beweise zu übersehen oder unabsichtlich zu zerstören:

- Nimm alle Beweisstücke ganz vorsichtig mit der Pinzette auf.
- Betrachte sie unter einer Lupe, und vergewissere dich, dass das Beweisstück mit der Tat im Zusammenhang steht.

- Stecke es in einen Briefumschlag.
- Notiere auf dem Umschlag Datum, genaue Uhrzeit, Fundstelle und Kurzbeschreibung der gefundenen Spur.
- Um mit deinen Gummihandschuhen keine fremden Fingerabdrücke zu verwischen, fasse alle Gegenstände dort an, wo man sie normalerweise nicht berührt.
- Öffne eine Zimmertür immer mit einer Kordelschlinge, mit der du die Türklinke herunterdrückst. Hast du keine Kordel oder Schnur, öffne die Tür vorsichtig mit dem Ellenbogen oder einem Finger (in Gummihandschuh).
- Wenn du einen zu untersuchenden Raum betrittst, sieh dich von der Tür aus genau in dem Zimmer um. Beginne mit der Raumuntersuchung rechts oder links von der Tür, und arbeite dich systematisch im Kreis herum voran.
- Wenn du Fingerabdrücke von Gläsern nehmen möchtest, halte sie mit gespreizten Fingern im Innern, sonst könntest du die Abdrücke verwischen. Bei einer Flasche steckst du einfach einen Finger in die Öffnung.
- Öffne Schubladen und Kisten mit einem Bleistift, Kugelschreiber oder einer Pinzette, um nicht Spuren am Griff zu verwischen.

So arbeiten wir mit Fingerabdrücken

Zum wichtigsten Hinweis auf einen Täter können Fingerabdrücke werden. Das sind die Spuren, die jeder Mensch mit seinen Fingerkuppen beim Anfassen und Berühren von Gegenständen hinterlässt. Je glatter und härter die Oberfläche des Gegenstandes ist, desto klarer und deutlicher sind Abdrücke zu erkennen.

Wenn du dir deine eigenen Finger mal unter der Lupe anschaust, wirst du feine Linien erkennen. Und dieses Linienmuster ist bei jedem Menschen unterschiedlich. Es gibt auf der ganzen Welt keine zwei Menschen, die absolut dieselben Fingerabdrücke hinterlassen können. Stimmt also ein Abdruck am Tatort mit dem des Täters überein, können wir ihn absolut sicher überführen. Aber zunächst einmal müssen wir die Fingerabdrücke am Tatort sicherstellen.

Diese Ausrüstungsgegenstände benötigen wir für die Arbeit mit Fingerabdrücken

- Hellen und sehr dunklen Puder (z.B. zerstoßene Kreide, geschabtes Bleistiftpulver oder schwarzes Farbpulver)
- Durchsichtigen Klebefilm
- Ein Vergrößerungsglas (Lupe) zum Betrachten der Fingerabdrücke
- Ein Stempelkissen
- Helle und dunkle Pappkärtchen

Wir schlagen euch vor, das Stempelkissen selbst zu basteln und es mit Wasserfarbe aus dem Tuschkasten zu füllen. Die lässt sich später leichter von den Fingerkuppen entfernen als richtige Stempelfarbe. Für das Kissen schneidest du ein Stück Schwamm so zurecht, dass es in einen kleinen und flachen Behälter (z.B. Schuhcremedose) mit Deckel passt. Dann rührst du mit dunkler Farbe aus dem Tuschkasten und Wasser die Tinte an und tränkst damit den Schwamm. Überall dort, wo wir mit unserer Lupe Fingerabdrücke entdecken oder wo wir sie vermuten, müssen wir sie nun zuerst deutlich sichtbar machen. Dazu bestäuben wir vorsichtig

- dunkle Gegenstände oder Oberflächen mit einer dünnen Schicht hellen Puders,
- helle Gegenstände mit dunklem Puder.

Überflüssiges Pulver wird vorsichtig weggeblasen. Der restliche Puder macht jetzt die Fingerabdrücke deutlich sichtbar. Nun wird auf den Fingerabdruck ein Streifen durchsichtiger Klebefilm gedrückt. Dabei musst du sehr vorsichtig sein, du darfst den Klebestreifen nicht verwackeln. Anschließend wird der Streifen mit dem an der Klebefläche haftenden Puderabdruck ganz vorsichtig wieder abgezogen. Streifen mit hellen Abdrücken kleben wir nun auf dunkle Pappkärtchen, Streifen mit dunklen Abdrücken auf helle Kärtchen. Dazu schreiben wir genau, wann und an welcher Stelle wir den jeweiligen Abdruck gefunden haben.

Wenn wir jemanden der Tat verdächtigen, müssen wir dem ebenfalls Fingerabdrücke abnehmen. Dazu werden alle Fingerkuppen beider Hände der Reihe nach erst auf unserem Stempelkissen mit Farbe versehen und anschließend auf ein Blatt Papier gedrückt. Darauf schreiben wir den Namen des Verdächtigen und notieren jeweils, um welchen Fingerabdruck es sich handelt. Dieses Blatt wird, versehen mit weiteren Angaben zum Verdächtigen (Größe, Alter, Schuhgröße, Schuhmarke, bevorzugte Kleidung, eventuell auch ein Foto usw.), Bestandteil unserer eigenen »Verbrecherkartei«. Jetzt müssen wir nur noch die am Tatort gefundenen Fingerabdrücke mit denen vergleichen, die wir unseren Verdächtigen für die Verbrecherkartei abgenommen haben. Du betrachtest dazu immer einen der Tatortabdrücke unter der Lupe und vergleichst ihn mit allen Abdrücken aus der Kartei. Bei Übereinstimmung kannst du sicher sein: Der Täter ist ermittelt.

Was Fußspuren über den Täter verraten

Bei der Detektivarbeit können auch die Fußabdrücke eines
Menschen viel mehr verraten, als dem Täter lieb ist. Kommen
nur wenige Verdächtige als Täter infrage, kann man diesen
manchmal sogar nur aufgrund seiner Fußabdrücke identifizieren!

Auf weichem Boden (Gras, Waldboden, Blumenerde, Beete,
Sand, weicher Teppichboden) kannst du praktisch immer
erkennen, wie sich der Täter bewegt hat. Und wenn wir eine
Täterfalle legen wollen, sollten wir dort unbedingt den Boden
so vorbereiten, dass wir später Fußabdrücke nehmen können.
Festgetretenen Boden sollten wir deshalb bei der Fallenvor-
bereitung mit einer Harke lockern, oder wir streuen lockeren
Sand in den Bereich, in dem sich der Täter unserer Meinung
nach bewegen muss.

Beim Betrachten und Auswerten einer menschlichen Fährte
musst du Folgendes beachten:

- Je tiefer der Abdruck, desto schwerer ist die Person, die
  diese Abdrücke hinterlassen hat.
- Führen dieselben Abdrücke zum Tatort und zurück, sind
  aber die zurückführenden tiefer, gehören sie zweifellos zum
  Täter, der auf dem Rückweg mit seiner Beute schwer be-
  packt war und deshalb tiefere Abdrücke hinterlassen hat.
- Nach einer Faustregel kann im Normalfall aus der Länge
  des Barfußabdrucks auf die Körpergröße eines Menschen
  geschlossen werden. Die Körpergröße beträgt etwa das
  Siebenfache der Fußlänge. Bei Schuhabdrücken musst
  du 1,5 Zentimeter von der Länge abziehen, ehe du sie mit
  sieben malnimmst.

● An Barfußabdrücken ist außerdem oft noch die Bein-
stellung der Person zu erkennen. Bei O-Beinen wird die
Fußaußenkante stärker belastet, bei X-Beinen die Fuß-
innenkante.

Weil jeder Mensch seinen persönlichen Gang hat, der zu
einer unterschiedlichen Abnutzung der Schuhsohlen führt,
kann außerdem das Profil einer Sohle zum Beweismittel
werden. Selbst wenn der Täter einen Turnschuh trug, der
millionenfach hergestellt wurde, kann sein Abdruck meistens mit absoluter Sicherheit identifiziert werden.
Voraussetzung ist aber, dass wir die Spur mit flüssig ange-
rührtem Gips ausgießen. Dazu haben wir Gipspulver und
Wasser im Spurenkoffer. Nach dem Aushärten des Abdrucks
können wir diesen als Beweisstück sichern. Und nun müssen wir beim Verdächtigen nur noch die Schuhe finden und
unseren Abdruck mit dessen Sohlenprofil vergleichen. Aber
vor dem Ausgießen können wir noch weitere Informationen
aus der Fußspur »lesen«:

● Bei einem normalen Gang wird der ganze Fuß aufgesetzt.
● Beim Laufen setzen die Fußspitzen zuerst auf und hinter-
lassen tiefere Eindrücke als die Fersen. Die Schrittlänge
ist größer als beim normalen Gehen.
● Beim Sprinten ist die Schrittlänge noch größer, und die
Abdrücke sind verwischt.
● Beim Hinken wird ein Bein immer mehr belastet als das
andere, und ein Fuß hinterlässt einen tieferen Abdruck.
● Beim Rückwärtsgehen wird die Fußspitze beider Füße
zuerst aufgesetzt und über die Fußballen abgerollt. Der
Abstand zwischen den Fußabdrücken ist kürzer als beim
Laufen.

Straße, Nr.

PLZ, Ort

Besondere Kennzeichen

Klubpräsident

Stempel

Südwestdruckerei

DETEKTIVKLUB:

Platz für dein Foto

Name

Geburtsdatum

Geburtsort

Ausstellungsdatum

Unterschrift

IDD<<777999>> NICHT ÜBERTRAGBAR <<8899000>>

DETEKTIVKLUB: ....

Platz für dein Foto

Name

Geburtsdatum

Geburtsort

Ausstellungsdatum

Unterschrift

IDD<<777999>> NICHT ÜBERTRAGBAR <<8899000>>

Straße, Nr.

PLZ, Ort

Besondere Kennzeichen

Klubpräsident

Stempel

Südwestdruckerei

Spiele und Übungen zur Spurensicherung

Wer hatte das Glas mit dem Gift in der Hand?

Zur Vorbereitung fertigt jeder Mitspieler seine eigene Karte
für die Verbrecherkartei mit Fingerabdrücken an. Dann
nehmt ihr ein stabiles, dickes Trinkglas und wischt es vorsichtig mit einem Taschentuch ab. Anschließend wird das
Glas vorsichtig mit einem Taschentuch angefasst und so auf
den Boden gestellt, dass nicht jetzt schon ungewollt Fingerabdrücke darauf zurückbleiben.
Nun wird ein Mitspieler zum Detektiv ernannt, der als Erster
die Ermittlungen führen muss. Er verlässt das Zimmer oder
entfernt sich so weit, dass er das weitere Geschehen nicht
beobachten kann. Ein anderer Mitspieler aus der Runde
fasst nun das Glas so an, dass ein dicker Daumenabdruck
darauf zurückbleibt. Ist das geschehen, rufen alle Mitspieler im Chor: »Hilfe ein Mord! Im Glas war Gift!«
Dadurch wird der vorher weggeschickte Detektiv alarmiert
und kommt nun an den Tatort zurück. Er nimmt nun so,
wie wir es bereits beschrieben haben, Fingerabdrücke vom
Glas und versucht, durch einen Vergleich mit der Verbrecherkartei den Giftmischer zu ermitteln. Abwechselnd ist
jeder mal als Detektiv dran. Und am Ende wird der zum
Meisterermittler ernannt, der die meisten Giftmischer richtig ermittelt hat.
Gibt es genügend Mitspieler, können wir das Spiel noch
schwerer (und echter) machen. Dann bekommt das Glas,
während der Detektiv nicht anwesend ist, Daumenabdrücke
von zwei Mitspielern. Einer der beiden legt sich anschließend als Leiche auf den Boden. Der andere stellt sich als

Täter wieder zu den übrigen Verdächtigen. Für den Detektiv wird die Arbeit jetzt schwieriger, weil er zunächst mal erkennen muss, welche Abdrücke dem Opfer und welche dem Täter gehören. Um sich die Auswertung zu erleichtern, sollte er zunächst die Verbrecherkarteikarte des Opfers nehmen und damit den Opferabdruck identifizieren.

Bei schon geübten Ermittlern kann das Spiel dadurch erschwert werden, dass neben dem Daumenabdruck noch weitere Fingerkuppen des Täters auf das Glas gedrückt werden. Außerdem kann die Zeit, die dem Detektiv für seine Ermittlungen bleibt, begrenzt werden.

Spurensuche nach einem Kampf

Bei diesem Spiel nehmen wir an, dass es zwischen dem Opfer und dem Täter einen Kampf gegeben hat. Und bei diesem Kampf hat der Täter viele Spuren hinterlassen, die der Detektiv auswerten soll ...

Wieder fertigt jeder Teilnehmer zuvor von sich selbst Fingerabdrücke auf einer Karteikarte für die Verbrecherkartei an. Anschließend muss der Detektiv den Raum oder den Tatort verlassen.

Die anderen Mitspieler präparieren jetzt den Tatort. Damit es nicht allzu schwierig wird, sollte die Fläche des Tatortes durch eine auf den Boden gelegte Plastik- oder Wachstuch-Tischdecke markiert werden, die wir vorher ganz sorgfältig abwischen. Denn dort sollten sich keine Hinweise mehr finden lassen, die dann doch nur auf eine falsche Spur führen. Ein Mitspieler wird jetzt zum Täter ernannt. In unserem Fall soll Janina die Mörderin sein. Sie hinterlässt nun mehrere Spuren, zum Beispiel

- den Abdruck eines ihrer Turnschuhe, den wir vorher angefeuchtet haben,
- Fingerabdrücke auf einem Glas,
- ein buntes Haargummi mit blonden Haaren,
- einen hellblauen Wollfaden von ihrer Strickweste,
- Kaugummipapier ihres Lieblingskaugummis »Blubba Erdbeergeschmack«
- und/oder eine spanische 100-Peseten-Münze.

Alle Mitspieler entscheiden gemeinsam darüber, ob die Spuren ausreichend und gut gelegt sind. In diesem Fall sind alle einverstanden, denn Fußspuren und Fingerabdrücke sind sowieso individuell, das Kaugummipapier gehört zu Janinas Lieblingssorte, die sie immer bei sich hat, und die 100-Peseten-Münze hatte sie noch aus den Schulferien in der Geldbörse, denn da war sie mit ihren Eltern nach Mallorca geflogen.

Janina reiht sich wieder in die Gruppe der anderen Klubmitglieder ein, der Detektiv wird zum Tatort gebeten. Er hat nun fünf Minuten Zeit, aufgrund der gefundenen Spuren und Beweisstücke den Täter herauszufinden. Für die Spurensicherung darf er alle Hilfsmittel aus seinem Detektivkoffer benutzen, Lupe, Pinzette, Rußpulver und so weiter. Bei einer größeren Gruppe von Mitspielern kann außerdem verabredet werden, dass er zwei Hauptverdächtige benennen kann, die er anschließend noch verhören darf. Aber Achtung: Wichtiger ist gute Beobachtungsgabe, denn Verdächtige dürfen lügen ...

Und: Der Detektiv hat nur eine Chance, den Täter zu überführen. Wer das am schnellsten schafft (Zeit ab Beginn der Ermittlungen stoppen), ist der Meisterdetektiv.

Wie Zeugen und Verdächtige verhört werden

Um sich ein Bild vom Tathergang machen zu können, muss
jeder Ermittler Zeugen und auch Verdächtige vernehmen.
Alle Aussagen und seine Beobachtungen zum Verhalten der
befragten Personen notiert er sich in einem Notizbuch.
Durch einen Vergleich der verschiedenen Aussagen kommt
er schnell dahinter, welche Personen übereinstimmende
Angaben machen, und wer etwas ganz anderes ausgesagt
hat. Das könnte ein erster Hinweis auf den Täter sein.
Bei den Aussagen achten erfahrene Detektive außerdem
darauf,

● ob jemand steif und fest behauptet, gar nichts gesehen
und gehört zu haben – obwohl das eigentlich nicht vor-
stellbar ist,

● ob jemand besonders schwatzhaft ist und ganz viele
Nebensächlichkeiten erzählt, die mit den gestellten
Fragen und der Tat gar nichts zu tun haben, oder

● ob jemand immer wieder versucht, den Verdacht auf eine
bestimmte Person zu lenken – um dadurch von sich
selbst abzulenken.

Ganz gewitzte Ermittler versuchen außerdem, den Verdächtigen zum Ende des Verhörs oder in einer weiteren Vernehmung Fallen zu stellen. Man kann zum Beispiel

● behaupten, dass sich die Aussagen des Verdächtigen mit
denen mehrerer Zeugen widersprechen, die etwas ganz
anderes beobachtet haben, oder

● versuchen, den Verdächtigen in Widersprüche zu ver-
wickeln, indem man ihm etwas in den Mund legt, was er
gar nicht gesagt hat.

Gerade beim Fallenstellen ist es besonders wichtig, das Verhalten des Befragten zu beobachten und sich dazu Notizen zu machen. Denn da zeigen sich oft Auffälligkeiten, die auf Lügen hinweisen können.

Manche Täter verraten sich durch ihre Körpersprache

Woran erkennt man, ob jemand die Wahrheit sagt oder lügt? Seit Jahrzehnten schon können Verhaltensforscher darauf Antworten geben. Denn die Körpersprache, wissenschaftlich »Kinesik« genannt, verrät oft viel mehr als das, was einem Verdächtigen über die Lippen kommt:

- Wenn jemand nach vorne gebeugt sitzt oder die Arme verschränkt, zeigt das eine aggressive Abwehrhaltung, der Verdächtige will etwas verbergen.
- Wenn jemand mit übergeschlagenen Beinen und überkreuzten Armen sitzt, ist das ein Zeichen für Verschlossenheit: Er ist nicht bereit, alles oder die Wahrheit zu sagen.
- Wenn sich jemand auf die Lippen beißt, deutet das auf Angst hin. Er fürchtet sich womöglich, etwas Falsches oder zu viel auszusagen.
- Wer an den Nägeln kaut, mit den Fingern spielt oder sich immer wieder irgendwo kratzt, mit seinen Haaren spielt oder an seiner Kleidung herumzupft, verrät sehr große Nervosität – warum wohl?
- Wer seine Hände in die Hüften stemmt, nimmt eine typische Kampf- und Abwehrhaltung ein. Das kann bedeuten: Von mir bekommst du die Wahrheit nie zu hören.

Im Gegensatz dazu kann die Körperhaltung aber auch darauf hinweisen, dass jemand ganz ehrlich ist und sich nach Kräften bemüht, dem Detektiv zu helfen, die Wahrheit zu finden.

Typische Zeichen dafür sind offen gezeigte Handflächen und eine leicht zurückgelehnte Sitzhaltung, bei der Beine und Arme nicht verschränkt werden.

Lügner dagegen kann man oft daran erkennen, dass sie

- dem Detektiv nicht in die Augen schauen können,
- dem Blick des Detektivs dadurch auszuweichen versuchen, dass sie die ganze Zeit in eine bestimmte Richtung starren,
- häufig mit den Augen zwinkern oder sich die Augenwinkel reiben,
- sich unbewusst immer wieder an der Nase oder den Ohrläppchen reiben und
- die Hand vor den Mund halten oder den Kopf aufstützen, dass die Hand den Mund verdeckt.

Vor allem der mit den Händen verschlossene Mund wird oft als Zeichen dafür gedeutet, dass die Person nichts oder nicht die Wahrheit sagen will.

Also: Notiere dir genau, welche Haltung die Personen beim Verhör einnehmen, und versuche, dir daraus später zusammen mit ihren Aussagen ein Bild zu machen. Überprüfe dazu deine Aufzeichnungen zum Ende eines jeden Verhörs anhand der folgenden Punkte:

- Ist schon ein Befragter ganz klar als Täter oder Mittäter auszuschließen?
- Hat sich jemand besonders verdächtig verhalten und damit eventuell schon vorhandene Vermutungen bestärkt?
- Decken sich die Aussagen der Befragten?
- Gibt es widersprüchliche Aussagen?
- Konnte eine Person beim Lügen ertappt werden?
- War eine Person übernervös?

Der Trick mit dem falschen Täter

Wenn es einen Hauptverdächtigen gibt, gegen den viele
Beweise sprechen und der sich dazu noch übernervös ver-
hält, wenden Profis bei einem Verhör gern einen Trick an:
Sie behaupten, eine andere Person wäre schon so gut wie
überführt, der Fall sei praktisch schon gelöst. Oft verändert
sich daraufhin schlagartig das Verhalten des Hauptverdächtigen, er wird Erleichterung und Freude zeigen, nicht mehr
so nervös reagieren. Außerdem wird er in den meisten
Fällen versuchen, die absichtlich falsche Verdächtigung
des Detektivs noch zu bestärken. Für den Profiermittler aber
sind all das sichere Zeichen dafür, dass ihnen der wahre
Täter gegenübersitzt.

Das Notizbuch ist dein zweites Gedächtnis

Gerade beim Verhör ist es wichtig, sich alle Antworten und
Beobachtungen aufzuschreiben. Aber auch sonst sollte ein
Detektiv nie ohne sein zweites Gedächtnis unterwegs sein.
Damit du bei deinen Eintragungen aber
1. unbedingt immer die wichtigsten Punkte berücksichtigst
und
2. nicht später bei viel zu vielen nebensächlichen Notizen
den Überblick verlierst,
solltest du dir die fünf wichtigsten Stichpunkte zu jedem
Fall als Gedankenstütze auf der Innenseite des Umschlags
notieren. Es handelt sich hierbei um die fünf W-Wörter. Mit
ihnen beginnen alle wichtigen Fragen, die der Detektiv bei
Vernehmungen stellt und die er für seine Ermittlungen
beantworten muss.

Wann...

... wurde eine bestimmte Beobachtung gemacht?

... will jemand am Tatort gewesen sein oder nicht?

... hat sich ein bestimmtes Ereignis zugetragen?

Wer...

... wurde von wem wobei beobachtet?

... widerspricht in welchen Punkten einem anderen?

... versucht, die Schuld auf andere zu schieben?

Wie...

... hat sich das Ereignis zugetragen?

... sahen die beteiligten Personen aus?

... will jemand von der Sache erfahren haben?

Wo...

... hat sich etwas zugetragen, wurde jemand beobachtet?

... will jemand zur Tatzeit gewesen sein?

... ist jemand von wem gesehen worden?

Warum...

... hat sich jemand an einer bestimmten Stelle aufgehalten?

... konnte er alles sehen oder nicht mitbekommen?

... macht jemand widersprüchliche Aussagen?

Der richtige Umgang mit Alibis

Anhand solcher Fragen und der entsprechenden Notizen in deinem Notizbuch wird es dir auch leicht fallen, ein Alibi eines Verdächtigen zu überprüfen. So nennt man den Nachweis dafür, dass jemand zur entscheidenden Zeit nicht am Tatort war und deshalb als Täter einwandfrei ausscheidet. Leichter, als die Anwesenheit einer ganz bestimmten Person am Tatort nachzuweisen, ist erst einmal das Überprüfen von

Alibis. So lässt sich der Kreis der Verdächtigen am schnellsten eingrenzen.

Allerdings wird bei der Frage nach dem Alibi gern und viel gelogen. Deshalb ist ein Alibi nur dann etwas wert, wenn es durch Zeugen bestätigt werden kann. Aber Vorsicht: Auch diese Zeugen könnten vom Täter zu einer Lüge überredet worden sein! Aufgabe eines guten Detektivs ist also, die echten von den falschen Alibis zu unterscheiden.

Dafür müssen zunächst alle am Tatort anwesenden Personen und alle Zeugen befragt und ihre Aussagen schriftlich festgehalten werden. Bezweifle aber zunächst alle Aussagen und überprüfe sie gründlich! Du solltest immer einen aktuellen Kalender dabeihaben, damit du die Angaben zu Wochentagen überprüfen kannst.

Beispiele für die Überprüfung von Alibis

- Der Verdächtige gibt an, zur Tatzeit eine ganz bestimmte Fernsehsendung angeschaut zu haben. Dann muss er auch sagen können, was in dem Film passierte. Ob die Aussagen des Befragten richtig sind, lässt sich später leicht anhand einer Fernsehzeitung überprüfen.
- Ein Verdächtiger behauptet, im Konzert gewesen zu sein. Hier muss der Detektiv nachfragen, welches Stück und welcher Komponist es war. Später ruft er in der Konzerthalle an und fragt, ob die Angaben zutreffend sind.
- Der Verdächtige sagt, er wäre zur Tatzeit im Restaurant »Zum roten Ochsen« gewesen. Pech für ihn, denn an diesem Tag hat das Restaurant immer Ruhetag.
- Der Verdächtige erklärt, er war zur Tatzeit mit seiner Oma im Supermarkt an der Poststraße 12. Auch das ist gelo-

gen, wenn der Detektiv herausfindet, dass der Supermarkt geschlossen war, weil es sich um einen Sonntag
handelte und die Oma zu dieser Zeit vom Pfarrer in der
Sonntagsmesse gesehen wurde.

Wer kombiniert und beobachtet am besten? Mit diesen Spielen könnt ihr es testen

Zu den wichtigsten Fähigkeiten eines Detektivs gehören
eine gute Beobachtungsgabe und Merkfähigkeit! Nur wer
beides besitzt, kann Aussagen, Beweise und Beobachtungen schnell und richtig kombinieren.
Oft entscheiden winzige Details darüber, ob oder wie
schnell ein Verbrechen aufgeklärt wird und ob die richtigen
Personen verhaftet werden. Deshalb ist es wichtig, sein
Beobachtungs- und Merkvermögen immer wieder zu trainieren. Dazu eignen sich gut folgende Spiele, die fester
Bestandteil eurer Arbeit im Detektivklub sein sollten.

Wer bemerkt die meisten Veränderungen?

Stelle möglichst viele, ganz verschiedene Gegenstände auf
einen großen Tisch. Dann rufst du die Mitspieler ins Zimmer, die 30 Sekunden Zeit bekommen, sich die Gegenstände zu merken. Dann schickst du sie wieder hinaus. Jetzt
veränderst du die Lage einiger Gegenstände und nimmst
auch einige wieder weg vom Tisch. Anschließend dürfen die
Mitspieler wieder hereinkommen. Jeder muss nun auf einen
Zettel schreiben, welche Veränderungen ihm aufgefallen
sind. Wer sich die meisten richtig gemerkt hat, ist der
Gewinner.

Wer kennt die richtige Antwort?

Aus einer Zeitung wird ein Foto ausgeschnitten, auf dem
viele verschiedene Personen, Gegenstände, Gebäude und
Landschaften erkennbar sind. Dieses Bild dürfen sich alle
Mitspieler ungefähr 30 Sekunden lang anschauen. Dann
nimmt es der Chefermittler so in die Hand, dass die anderen es nicht mehr sehen, und stellt Fragen, zum Beispiel:

- Was trägt die Person ganz rechts in der Hand?
- Wie viele Autos warten vor der roten Ampel?
- Wie viele Bäume wachsen auf der linken Straßenseite?
- Wo befindet sich die Telefonzelle?

Um es schwerer zu machen, dürfen auch falsche oder Fangfragen gestellt werden. Zum Beispiel, wie viele Personen
an der Bushaltestelle warten – obwohl es auf dem Foto gar
keine Haltestelle gibt.

Der Spielleiter notiert sich jede Frage, und alle Mitspieler
müssen ihre Antwort ebenfalls auf ein Blatt Papier schreiben. Zum Ende der Spielrunde wird verglichen und ausge-
wertet. Für jede richtige Antwort gibt es einen Punkt, für
richtige Antworten auf falsche oder Fangfragen können
auch zwei Punkte vergeben werden. Der beste Beobachter
darf dann in der nächsten Runde ein anderes Bild zeigen
und dazu die Fragen stellen.

Wer schreibt den besten Steckbrief?

Ihr beobachtet eine Bus- oder Straßenbahnhaltestelle so,
dass ihr die ein- oder aussteigenden Personen sehen könnt.
Dann wird beschlossen, welche Person in der ersten Steck-
briefrunde zu beschreiben ist. Ehe Bus oder Bahn kommen,
legt ihr zum Beispiel fest, dass

- der erste aussteigende Mann mit Hut,
- die erste aussteigende Frau mit einem Kind oder
- der erste aussteigende Jugendliche mit einer Jeans

zu beschreiben ist. Natürlich kann es sein, dass ihr länger warten müsst, ehe überhaupt die gewählte Grobbeschreibung auf jemanden zutrifft – aber das Warten und viel Geduld gehören nun mal zum Detektivalltag.

Was mindestens in einen Steckbrief gehört

Gesucht wird Kalle Klau wegen...
Foto oder Phantombild

Größe	z.B. 150 cm
Alter	z.B. 11 Jahre
Gestalt	z.B. sehr schlank
Haarfarbe	z.B. hellblond
Frisur	z.B. Pilzkopf-Haarschnitt
Gesicht	z.B. oval bis rund
Gesichtsfarbe	z.B. hell
Augenfarbe	z.B. blau
Kleidung	z.B. Jeans, Fußballtrikot, Turnschuhe
Besonderheiten	z.B. trägt immer eine Sonnenbrille

Weil so ein Steckbrief aber natürlich noch sehr ungenau ist, sind die besonderen Merkmale wichtig.
Scharfe Beobachter könnten zum Beispiel folgende Besonderheiten notieren:

Gesicht	Muttermal auf der rechten Wange
Haare	kleiner Haarwirbel am Pony
Gestalt	sehr große Füße
Kleidung	Jeans an den Knien durchgescheuert

Erscheint eine Person nach eurer Vorauswahl, beobachtet ihr sie so lange wie möglich – aber ohne ihr zu folgen. Ist sie außer Sichtweite, beginnen alle, für diese Person einen Steckbrief anzufertigen. Wer die meisten Punkte zusammentragen kann, hat die Runde gewonnen.

Natürlich könnt ihr auch woanders auf eure »Verdächtigen« warten, zum Beispiel vor der Schule. Da kann man beispielsweise verabreden, dass zu demjenigen ein Steckbrief geschrieben werden soll, der als Nächster mit einer Schultasche in der linken Hand, einem Fahrrad oder einer Hand in der Hosentasche das Schulgelände verlässt.

Der Trick mit der Körpergröße

Zu einem Steckbrief gehört natürlich unbedingt die Angabe der Körpergröße. Die aber ist, wenn man keine Vergleichsmöglichkeiten hat, nur ganz schwer zu schätzen. Deshalb könnt ihr beim Steckbriefspiel ein Hilfsmittel der Profis anwenden. Messt einfach aus, in welcher Höhe sich der untere und der obere Rand eines Fahrplanschildes befinden, an dem die Beobachteten dicht vorbeigehen müssen. Oder messt aus, in welcher Höhe sich die Oberkante eines Zaunes oder Papierkorbs oder die Unterkante eines Straßenschildes befinden. Wenn ihr diese Maße kennt, lässt sich die Körpergröße einer in unmittelbarer Nähe befindlichen Person viel leichter richtig schätzen.

Aus demselben Grund sind übrigens an den Innentüren vieler Bankfilialen mehrere farbige Streifen angebracht. Läuft ein Bankräuber nach der Tat hinaus, genügt für die Bankmitarbeiter ein Blick auf die Streifen, um seine ungefähre Körpergröße später richtig angeben zu können.

Verschlüsselte Botschaften

☞ **Wie sich Detektive und Spione verständigen**

Detektive und Spione sind immer der Gefahr ausgesetzt, dass ihre Informationen in die falschen Hände geraten. Um das zu verhindern, sind sie gezwungen, ihre Botschaften in Geheimschrift zu verfassen oder eine unverständliche, kodierte Sprache zu benutzen. Welche Möglichkeiten es da gibt, erfährst du in diesem Kapitel.

Wie geheime Nachrichten übermittelt werden

Manchmal ist es ganz wichtig, geheime Nachrichten auszutauschen, die aufgeschrieben und für den anderen an geheimen Orten (»toten Briefkästen«) hinterlegt werden. Außerdem kann man sie zur Sicherheit auch noch in einer kodierten oder unsichtbaren Schrift abfassen. Das solltest du mit deinen Detektivkollegen üben – und dabei genau überlegen, wen du wirklich in die Geheimnisse einweihst. Als »toter Briefkasten« für Geheimnachrichten ist zum Beispiel ein hohler Baum geeignet. Man kann aber auch verabreden, dass sich der Briefkasten unter einem großen Stein, in einer Erdgrube, hinter einem Blumenkasten oder unter einer losen Bodenplatte befindet.

Nur in Ausnahmefällen und wenn die Zeit zu knapp ist, kann eine Geheimbotschaft auch direkt übergeben werden. Dabei aber muss man sich als Profi tarnen. Denn so ein Treffen muss schnell und heimlich erfolgen. Sinnvoll ist es auch, die Nachricht getarnt zu überreichen, zum Beispiel durch die Übergabe eines Buches, eines Schirmes, einer Zeitung, einer Streichholzschachtel, eines Kaugummipäckchens, einer Keksdose, eines Geschenkpaketes oder eines Blumenstraußes.

Die besten Geheimkodes für eure Nachrichten

Wichtige Nachrichten werden von Agenten, aber auch von Detektiven kodiert weitergeleitet, damit sie auch dann geheim bleiben, wenn sie in die Hände der Gegenseite fallen, zum Beispiel einem anderen Detektivklub.

Ganz einfach – aber nicht so sicher: Der Punktkode

Schön an diesem Kode ist, dass man ihn nicht lange lernen muss. Aber leider ist er auch für Nichteingeweihte leichter als andere zu entschlüsseln.

Er funktioniert so, dass du einen normalen Brief schreibst. Ist er fertig, setzt du über oder unter einige Buchstaben einen kleinen Punkt. Setzt der Empfänger diese markierten Buchstaben der Reihe nach aneinander, ergeben sie die Geheimbotschaft. Um das Entschlüsseln für Unbefugte etwas schwerer zu machen, kann man noch Folgendes vereinbaren:

- Die markierten Buchstaben werden nicht Zeile für Zeile aneinander gereiht, sondern die erste Zeile ist eine Täuschung und gilt nicht, ebenso wenig die dritte, fünfte, siebte und so weiter. Nur die markierten Buchstaben aus der zweiten, vierten, sechsten, achten und allen weiteren geraden Zeilen gelten. Aber: Um den unerwünschten Leser abzulenken, müssen auch in den nicht geltenden Zeilen Punkte vorhanden sein.
- Die markierten Buchstaben werden in der ersten Zeile von rechts, in der zweiten von links, in der dritten wieder von rechts und so weiter zusammengefügt.
- Nach den Buchstaben aus der ersten Zeile von oben werden die Buchstaben aus der ersten Zeile von unten genommen, dann die aus der zweiten Zeile von oben und daran anschließend die aus der zweiten Zeile von unten. So geht es immer weiter.

Auch dieser einfache Kode lässt sich also sicherer machen. Ihr müsst nur genau verabreden, welches Verfahren angewendet werden soll.

Einfach und sicherer: Der Rückwärts-Gruppen-Kode

Bei diesem Kode schreibst du alle Wörter deiner Nachricht
rückwärts. Das geht schnell und leicht, wenn du die Buchstaben und Wörter von rechts nach links statt wie sonst von
links nach rechts schreibst. Um den unbefugten Leser noch
mehr zu verwirren, wird außerdem nach jedem dritten
Buchstaben eine Lücke gelassen. Wer sich damit nicht aus-
kennt, wird eine ganz andere, viel schwierigere Verschlüsselung dahinter vermuten – und kaum auf die einfache
Lösung kommen.

Für echte Profis: Der fast unknackbare Zahlencode

Dieses Verschlüsselungsverfahren ist deshalb so sicher, weil
jeder Buchstabe durch eine Zahl ersetzt wird. Und welche
Zahl für welchen Buchstaben steht, könnt ihr selbst in einer
Verschlüsselungstabelle festlegen. Die stellt ihr gemeinsam
nach unserem Muster auf (siehe nächste Seite) und kopiert
sie anschließend für jedes Mitglied eures Detektivklubs.
Natürlich darf diese Tabelle unter gar keinen Umständen
der Gegenseite in die Hände fallen.
Wichtig beim Aufstellen der Tabelle ist, dass die Zahlen
unter den Buchstaben völlig willkürlich gewählt werden.
Außerdem muss beim Verfassen einer kodierten Nachricht
darauf geachtet werden, dass hinter jedem Buchstaben ein
Punkt gemacht wird – sonst kommt ihr mit den Umlauten
durcheinander. Denn ein Ä wird aus den Zahlen für A und E,
ein Ö aus den Zahlen für O und E, ein Ü aus den Zahlen für
U und E zusammengesetzt. Ist ein Wort komplett verschlüs-
selt, macht ihr nach seinem letzten Buchstaben einen Dop-
pelpunkt.

Beispiel für die Zahlenkode-Verschlüsse-lungs-Tabelle

A	B	C	D	E	F
55	19	39	59	67	47
G	H	I	J	K	L
37	44	52	99	90	82
M	N	O	P	Q	R
75	66	41	95	63	11
S	T	U	V	W	X
25	48	31	13	15	77
		Y	Z		
		88	31		

Beispiel für eine kodierte Nachricht:
31.75:47.3167.66.47:52.75:90.82.31.19.44.55.31.25
Die Nachricht lautet:
UM FÜNF IM KLUBHAUS

Auch für Profis: Der Alpha-Alpha-Kode

Dieses Kodiersystem funktioniert ganz ähnlich wie der
Zahlenkode – nur wird hier jedem Buchstaben ein anderer
Buchstabe in beliebiger Reihenfolge zugeordnet. Wir ver-
wenden also das Alphabet doppelt – deshalb Alpha-Alpha.
Die Nachricht wird dann nur mit dem zugeordneten Buch-
staben geschrieben, so dass die Buchstabenreihe für
Außenstehende völlig sinnlos ist. Außerdem wird nach
jedem Wort ein Punkt gesetzt. Das erleichtert später das
Lesen – und verwirrt den nicht Eingeweihten.
Noch schwerer zu knacken ist eine kodierte Nachricht aller-
dings, wenn ihr

- ausschließlich Großbuchstaben verwendet, damit Unbefugte nicht auf Satzanfänge oder Hauptwörter schließen können, oder
- wenn ihr (wie im Beispiel unten) statt des Punktes zwischen zwei Wörtern dort ein Ä, Ö oder Ü setzt. Das verwirrt den Unbefugten noch mehr. Wir aber wissen, dass diese Buchstaben nur eine einzige Bedeutung haben: Hier steht eigentlich gar kein Buchstabe.

Beispiel für die Alpha-Alpha-Verschlüsselungs-Tabelle

A	B	C	D	E	F
H	O	R	I	C	U
G	H	I	J	K	L
J	P	A	K	L	Q
M	N	O	P	Q	R
N	E	X	M	D	Y
S	T	U	V	W	X
G	W	Z	S	B	F
		Y	Z		
		T	V		

Beispiel für eine kodierte Nachricht:
PCZWCÄZNÖUZCEUÜSXYÄICYÖGRPZQC
Die Nachricht lautet:
HEUTE UM FUENF VOR DER SCHULE

Wenn ihr fremde Kodes knacken müsst

Alle Agenten und Detektive sollten ihre Geheimkodes ständig ändern, indem sie einfach neue Verschlüsselungstabellen aufschreiben. Denn kein Kode ist absolut sicher. Des-

halb kannst du auch versuchen, fremde Kodes zu knacken.
Mit ein wenig Übung, Kombinationsgabe und durch das
Ausprobieren verschiedener Kombinationen wirst du Erfolg
haben. Denn aus der Häufigkeit und der Wiederkehr von
Buchstaben oder Zahlen kann man vieles erkennen.

1. Zuerst zählst du die Häufigkeit einzelner Buchstaben
   oder Zahlen in einer kodierten Nachricht.
2. Die am häufigsten vorkommenden Buchstaben in der
   deutschen Sprache sind: E, N, S, R, L und T.
3. In jedem Wort mit nur zwei Buchstaben muss einer der
   folgenden Vokale vorkommen: A, E, I, O oder U.
4. Ein Wort mit einem G als letztem Buchstaben endet
   sehr häufig mit »ung«.
5. Überdurchschnittlich viele Wörter im Deutschen enden
   mit den Buchstaben E, N, R oder T.
6. Die häufigsten Wörter mit drei Buchstaben sind: der,
   die, das, dem, den, des, auf, bei, ein, und, ich, ist, mit,
   nur, von, vor, wir.

Gelingt es dir, anhand dieser Gesetzmäßigkeiten nur ein
paar Buchstaben richtig zu dekodieren, geht es beim Rest
fast wie von selbst.

Unsichtbare Geheimschriften

Wem die Kodierungen zu kompliziert sind, kann auch Nachrichten versenden, die mit unsichtbarer Tinte geschrieben
werden. Das ist eine Flüssigkeit, die nach dem Eintrocknen
auf dem Papier nicht mehr sichtbar ist. Der Empfänger
erhält somit einen Brief, auf dem mit dem bloßen Auge
nichts zu sehen ist.

Ein absolut leeres Blatt Papier aber ist auch verdächtig. Deshalb solltest du einen Unbefugten, der den Brief eventuell abfangen könnte, in die Irre leiten:

● Schreibe mit der Geheimtinte zwischen den Zeilen eines normalen, ganz harmlosen Briefes oder

● schreibe auf die Blattrückseite ganz normalen Text, um von der unsichtbaren Geheimbotschaft abzulenken.

Wichtig ist außerdem, dass du gelegentlich zwischen mehreren Möglichkeiten für Geheimbotschaften wechselst und auf dem Brief immer einen Hinweis auf die Geheimschrift notierst, zum Beispiel ein Z für Zauberstift, ein T für Zaubertinte oder ein W für Wachsschrift.

Geheimschriften mit dem Zauberstift

Schreibe deine Nachricht mit einem der Stifte, die sonst zum Löschen von Füllfederhaltertinte verwendet werden. Wenn der Empfänger jetzt das Blatt mit Tinte ausmalt, ist die Botschaft in Form von weißen Buchstaben zu erkennen. Dort nämlich setzt sich die Tinte nicht fest.

Geheimschriften mit Wachs

Zünde eine Kerze an, und lasse Wachs über ein ganzes Blatt Papier träufeln. Die gewachste Seite legst du dann auf ein anderes, leeres Blatt Papier. Jetzt schreibst du deine Nachricht. Drücke dabei fest auf, damit sich das Wachs auf das Blankoblatt überträgt. Wer die Botschaft lesen möchte, muss nur noch Farbpulver, Kakao oder Puder über das Blatt streuen. Anschließend werden Farbe oder Puder weggeblasen. An den Stellen der Wachsbotschaft bleibt die Farbe haften, und die Buchstaben werden sichtbar.

Geheimschriften mit Zaubertinte

Die beste Tinte für Geheimschriften ist der Saft von Zitronen, Orangen, Grapefruits, Kartoffeln oder Zwiebeln, du kannst aber auch mit Milch oder weißem Essig schreiben. Die Schrift verschwindet, sobald diese Zaubertinten getrocknet sind.

Wenn du die Geheimschrift lesen möchtest, legst du das Papierblatt auf die oberste Backofenschiene eines leicht vorgeheizten Backofens. Das Papier darf nicht zu heiß werden, sonst ist es nicht lesbar. Nach kurzer Aufwärmzeit kannst du die Botschaft in deutlicher brauner Schrift lesen. Sehr gut lässt sich das Papier auch über einer Glühlampe erwärmen. Aber Achtung: Auch da darf es nicht zu dicht herangehalten werden, weil sonst das ganze Papier braun wird und sich die Buchstaben in Zaubertinte nicht mehr abheben.

Geheime Zeichen, Signale und Sprachen

Bestimmt hast du schon mal etwas von der Ganovenehre gehört. Damit ist gemeint, dass Gauner zusammenhalten, sich nicht gegenseitig verraten und sich sogar Tipps geben. Dafür werden Geheimzeichen verwendet, die wir für dich in einer Übersicht zusammengestellt haben. Das sind die so genannten »Gaunerzinken« (siehe rechte Seite).

Doch auch für uns kann es wichtig sein, dass wir unseren Detektiv- oder Agentenkollegen unbemerkt Zeichen geben können, während andere dabei sind, etwa bei einer Vernehmung oder beim Treffen mit einem fremden Detektivklub.

Gefährlich! Hände weg!

Hier wohnt Polizei!

Unfreundliche Leute!

Achtung, bissiger Hund!

Achtung, Prügelgefahr!

Leute rufen Polizei!

Hier gibt es nichts!

Für Arbeit gibt es etwas

Fromm tun lohnt sich

Man kann aufdringlich werden

Krank spielen lohnt sich

Abhauen!

Hier gibt es Nachtlager

Hier gibt es Essen

Hier gibt es Geld

So können wir ohne Worte reden

Eine Unterhaltung kann man zwar nicht ganz ohne Worte führen. Wenn du aber deiner Kontaktperson heimlich aus einiger Entfernung eine wichtige Kurzbotschaft mitteilen möchtest, funktioniert das auch mit Körpersprache.

Beispiele für Körpersignale als Geheimzeichen

Dieses Zeichen gibst du:	Es bedeutet:
Am Kopf kratzen	Ich lüge jetzt, sag nichts
Nasereiben	Er lügt
Am Ohr kratzen	Ich erwarte dich vor der Tür
Augenreiben	Du wirst beschattet
Beide Hände in den Taschen	Nein
Eine Hand in der Tasche	Ja
Hände auf dem Rücken	Das ist eine Falle, Vorsicht
Schuhe zubinden	Gefahr, verschwinde sofort

Natürlich könnt ihr euch noch viel mehr Zeichen und weitere oder andere Bedeutungen ausdenken. Aber ihr solltet diese Geheimzeichen fleißig üben. Es wäre schön peinlich, wenn der Kollege dich auf eine Lüge des Verdächtigen hinweisen will und du die Nachricht so verstehst, dass Gefahr droht und du sofort verschwinden sollst.

Versteckte Hinweise, die kein anderer versteht

Außer den geheimen Körpersignalen gibt es noch weitere Signale, die ebenfalls in eine Unterhaltung eingebaut werden können – zum Beispiel in ein Telefongespräch. Das ist sinnvoll, um das Mit- oder Abhören fremder und unbefugter Personen zu verhindern. Diese Zeichen sind auch dann hilf-

reich, wenn während deines Telefonates eine Person dazu-
kommt, die das Gespräch nicht mithören soll, und du dem
anderen versteckt erklären musst, dass du nun nicht mehr
frei sprechen kannst.

Beispiele für Geheimzeichen in Gesprächen

Das willst du sagen:	So teilst du es dem anderen mit:
Achtung, ab jetzt spreche ich in der Geheimsprache	Husten und dann »Verzeihung« sagen
Geplante Aktion muss verschoben werden, jetzt ungünstig	»Also« am Anfang des Satzes sagen und »oder« am Schluss, Beispiel: Also heute keine Matheaufgaben, oder?
Gegner steht direkt neben mir, kann dich eventuell hören	»Was meinst du« am Satzende, Beispiel: Wir gehen Eis essen, was meinst du?
Du bekommst Post von mir im toten Briefkasten	»Äh« am Satzanfang sagen
Du bekommst einen Brief in Geheimtinte von mir	»Na dann« am Satzanfang sagen
Aktion wird abgeblasen	»Also« am Satzanfang und »bis bald« am Satzende
Ort wie immer	»Ist doch klar!« am Satzende
Zur üblichen Uhrzeit	»Aber klar doch!« am Satzende
Alarmiere alle anderen	»Sicher« am Satzanfang
Ende der Geheimsprache, jetzt wieder normale Sprache	Räuspern und dann »Entschuldigung« sagen

Achtung: Neue Mitglieder unbedingt prüfen

Egal, welche Kodes oder Geheimsprachen wir verwenden: Es versteht sich von selbst, dass sie von allen Kollegen und Klubmitgliedern perfekt beherrscht werden müssen. Sonst gibt es ein fürchterliches Chaos. Neue Mitglieder müssen hierüber nach kurzer Zeit eine Prüfung vor dem Klubchef ablegen und damit beweisen, ob sie überhaupt klubtauglich sind.

Morsesignale für Nachrichten in der Dunkelheit

Unsere Geheimsprache funktioniert natürlich nicht, wenn kein Telefon zur Hand ist und wir uns über eine größere Entfernung unterhalten müssen. In diesem Fall helfen uns, wenn es dunkel ist, Lichtsignale, die wir mit einer Taschenlampe geben können. Hierfür können wir das klassische Morsealphabet verwenden, bei dem sich jeder Buchstabe und jede Zahl aus einer bestimmten Anordnung von Strichen und Punkten zusammensetzt, die für lange und kurze Licht-, Pfeif- oder Klopfsignale versendet werden. Für Punkte gibt man kurze Lichtsignale, für Striche lange Signale. Ein Punkt wird ganz leicht und schnell geklopft, ein Strich etwas schwerer und behutsamer. Zwischen zwei Wörtern wird immer eine Sekunde Pause gemacht.

Nachteilig ist, dass Morsesignale auch von anderen, feindlichen Personen gelesen werden können, wenn sie den Morsekode kennen. Ein Vorteil aber ist, dass Kinder zum Auswendiglernen des Morsealphabets nur ungefähr zwei Stunden benötigen – bei Erwachsenen dauert es oft Tage.

So funktioniert das Morsealphabet

Punkt oder »dit« bedeutet einen kurzen Lichtblitz,
Strich oder »dah« einen längeren. Das klassische
Notsignal SOS also besteht aus der Lichtfolge
kurz-kurz-kurz-lang-lang-lang-kurz-kurz-kurz oder
»dit-dit-dit-dah-dah-dah-dit-dit-dit«

Buchstabe	Morsezeichen	Gesprochen (zum Einprägen)
A	. -	Dit dah
Ä	.-.-	Dit dah dit dah
B	-...	Dah dit dit dit
C	-.-.	Dah dit dah dit
D	-..	Dah dit dit
E	.	Dit
F	..-.	Dit dit dah dit
G	--.	Dah dah dit
H	....	Dit dit dit dit
I	..	Dit dit
J	.---	Dit dah dah dah
K	-.-	Dah dit dah
L	.-..	Dit dah dit dit
M	--	Dah dah
N	-.	Dah dit
O	---	Dah dah dah
Ö	---.	Dah dah dah dit
P	.--.	Dit dah dah dit
Q	--.-	Dah dah dit dah
R	.-.	Dit dah dit

Buchstabe	Morsezeichen	Gesprochen (zum Einprägen)
S	...	Dit dit dit
T	-	Dah
U	..-	Dit dit dah
Ü	..--	Dit dit dah dah
V	...-	Dit dit dit dah
W	.--	Dit dah dah
X	-..-	Dah dit dit dah
Y	-.--	Dah dit dah dah
Z	--..	Dah dah dit dit

Zahlen im Morsealphabet

Zahl	Morsezeichen	Gesprochen (zum Einprägen)
1	.----	Dit dah dah dah dah
2	..---	Dit dit dah dah dah
3	...--	Dit dit dit dah dah
4	....-	Dit dit dit dit dah
5	.....	Dit dit dit dit dit
6	-....	Dah dit dit dit dit
7	--...	Dah dah dit dit dit
8	---..	Dah dah dah dit dit
9	----.	Dah dah dah dah dit
0	-----	Dah dah dah dah dah

Drei wichtige Kommandos

Verstanden	...-.	Dit dit dit dah dit
Irrtum	....	Dit dit dit dit dit dit dit
(letztes Wort streichen)		
Warten	.-...	Dit dah dit dit dit

Wem das Ganze zu mühselig oder kompliziert ist, auch weil man sich zu sendende Nachrichten und Signale aufschreiben sollte, um Irrtümer zu vermeiden, hat eine andere Möglichkeit. Ebenso wie bei den Geheimzeichen können bestimmte Signale oder Buchstaben für Kurzbotschaften verwendet werden.

Lichtsignale, die Botschaften sind

Dieses Zeichen gibst du:	Es bedeutet:
Drei kurze Signale	Gefahr für dich
Zwei kurze Signale	Ich brauche Hilfe
Ein kurzes, ein langes	Zurück zum Treffpunkt
Dreimal lang	Alles klar hier – und bei dir?
Zweimal lang	Ja
Einmal lang	Nein
Zwei kurze, ein langes	Zielperson kommt
Zwei lange, ein kurzes	Gegner in der Überzahl

Auch hier hast du wieder die Möglichkeit, weitere oder andere Zeichen mit deinen Detektivkollegen oder deinem Agentenring abzusprechen.

Richtig kombinieren

☞ **Mit diesen Aufgaben bleibst du in Übung**

Nachdem ihr nun so viel über die praktische Arbeit von Detektiven und Geheimagenten erfahren habt, wird es Zeit, dass ihr eure ersten richtig schweren Fälle löst. Jetzt könnt ihr beweisen, ob ihr auch Köpfchen habt und logisch denken könnt. Die Lösungen findet ihr auf Seite 94.

Der Kaugummi im Kummerkasten

Direktor Grummel kommt erbost in die Klasse: »Jemand hat einen Kaugummi in den Kummerkasten geworfen und damit alle Briefe verklebt. Ich möchte sofort wissen, wer das war!« Petra Pfiffig geht auch in diese Klasse und ist Chefin eines Detektivklubs. Sie macht sich eifrig Notizen von dem, was die anderen sagen:

»Heike wollte nur ausprobieren, ob das richtig klebt«, murmelt Willi. »Was?«, unterbricht ihn Heike. »Du redest doch Unsinn. Das ist ja gar nicht wahr. Wieso soll eigentlich immer ich es gewesen sein?« – »Rolf hat damals den Lehrerstuhl mit Klebstoff bestrichen. Diesmal hat er nichts mit der Sache zu tun«, behauptet Andrea. »Und ich war's auch nicht«, beteuert Paul. »Das stimmt«, unterstützt ihn Rolf. »Was hat denn Lucy dazu beizutragen, die ja stets Bescheid weiß?«, fragt Direktor Grummel die Klassenbeste. »Na ja, verraten tu ich natürlich niemanden. Aber ich will einen Hinweis geben: Nur zwei der fünf Behauptungen treffen zu.«

Petra Pfiffig schmunzelt. Sie kennt bereits den Übeltäter. Du auch?

	richtig	falsch
Willis Aussage		
Heikes Aussage		
Andreas Aussage		
Rolfs Aussage		
Pauls Aussage		

So geht ihr vor:

In den gegebenen Hinweisen findet ihr alle nötigen Informationen, die ihr zum Lösen der Rätsel benötigt – offen oder versteckt. Seht sie euch ganz genau an. Bei jedem eindeutigen »Ja« markiert ihr das entsprechende Kästchen im Diagramm mit einem dicken Punkt (•). Jedes klare »Nein« wird mit einem Kreuz (x) gekennzeichnet. Wenn ihr nun die Hinweise miteinander kombiniert, erhaltet ihr weitere sichere Informationen, die ihr entsprechend kenntlich macht. Eine zutreffende Aussage markiert ihr also wieder mit einem Punkt, eine falsche Aussage mit einem Kreuz. So kommt ihr Schritt für Schritt der Lösung immer näher, ohne dass ihr raten oder ausprobieren müsst. In unserem Beispiel sieht das folgendermaßen aus.

Lösung:

Angenommen, Willis Aussage ist richtig, wenn Heike also die Täterin ist, so stimmen damit automatisch auch die Behauptungen von Andrea, Paul und Rolf. Es dürfen aber nur zwei Aussagen richtig sein. Also ist Willis Aussage falsch. Infolgedessen muss Heikes Aussage richtig sein. Da die Behauptungen von Paul und Rolf zusammenhängen, können sie nur beide falsch oder beide korrekt sein. Wir hatten aber schon festgestellt, dass die Aussage von Heike richtig ist. Dann hätten wir drei richtige Antworten, und das kann nicht angehen. Also müssen die Aussagen von Paul und Rolf falsch sein. Paul hat also gelogen, und damit ist der Täter ermittelt.

Dass alle Jungs gelogen haben, ist in diesem Fall natürlich rein zufällig.

	richtig	falsch
Willis Aussage	X	●
Heikes Aussage	●	X
Andreas Aussage	●	X
Rolfs Aussage	X	●
Pauls Aussage	X	●

Die Zeugen der Kommissarin

Kriminalkommissarin Catharina Clever muss einen schwierigen Fall aufklären. Dazu muss sie heute fünf verschiedene Zeuginnen zu Hause befragen. Doch dummerweise hat der Assistent Stefan Schussel ihren Terminkalender verlegt. Nun versucht sie, ihren Tagesplan zu rekonstruieren. Wie lauten die Namen der Zeuginnen, wo wohnen sie, und wann muss Kommissarin Clever die jeweilige Zeugin besuchen?

Hinweise:
Glücklicherweise kann sich Kommissarin Clever noch bruchstückhaft erinnern. Diese wenigen Hinweise aber reichen bei guter Kombinationsgabe schon aus, um den Terminkalender zu rekonstruieren:

- Herta, deren Nachname nicht Pfaff lautet, trifft sie zuletzt.
- Frau Riemer, die im Spatzenweg wohnt, besucht sie nicht nach 18 Uhr.
- Das Treffen mit Anja in der Weidenallee findet auf keinen Fall um 19 Uhr statt.

- Frau Gablenz, die keinen Vornamen mit fünf Buchstaben hat, ist nicht als Erste dran.
- Der Besuch um 16.30 Uhr in der Industriestraße gilt nicht Viola.
- Frauke Meister, die nicht am Holzstieg wohnt, hat einen Termin zur vollen Stunde.

	Baumann	Meister	Gablenz	Riemer	Pfaff	12.30 Uhr	14.00 Uhr	16.30 Uhr	19.00 Uhr	20.30 Uhr	Mittelweg	Weidenallee	Industriestr.	Spatzenweg	Holzstieg
Anja															
Almut															
Herta															
Frauke															
Viola															
Mittelweg											
Weidenallee											
Industriestr.											
Spatzenweg											
Holzstieg											
12.30 Uhr					
14.00 Uhr					
16.30 Uhr					
19.00 Uhr					
20.30 Uhr					

Lösung:

Vorname	Nachname	Straße	Uhrzeit

Geldfälscher im Hotel

Aufregung an der Hotelrezeption. In einem Gepäckstück wurde frisch gedrucktes Falschgeld gefunden. Die Hoteldetektivin Olga Oberschlau hat den Pagen Peter gründlich ausgefragt. Der kann sich nicht mehr an viel erinnern. Doch für Olga Oberschlau ist der Fall gelöst: Wem gehört die Reisetasche?

Das wusste der Page noch:
- Der Lederkoffer wurde zum Flughafen gebracht.
- Das Gepäckstück von Mister Flemming wurde nicht zur Busstation gebracht.
- Die Sporttasche wurde nicht zum Bahnhof gebracht.
- Mister Flemming hatte keinen Lederkoffer.
- Und Herr Zapf hatte keine Sporttasche.
- Señor Lopez' Gepäckstück wurde zum Bahnhof gebracht.
- Der Plastikkoffer wurde nicht zum Bus gebracht.
- Der Lederkoffer gehört nicht Herrn Zapf.

	Reisetasche	Sporttasche	Lederkoffer	Plastikkoffer	Taxi	Flughafen	Bahnhof	Bus
Herr Zapf								
Mister Flemming								
Herr Jensen								
Señor Lopez								
Taxi								
Flughafen								
Bahnhof								
Bus								

Lösung:

Name	Gepäckstück	Zielort

Wer hat den Müll in den Park geworfen?

Ein grüner Müllsack liegt im Park. Doch diesmal hat die Kinderbande aufgepasst und sich Notizen gemacht. Klar, dass die nicht so ordentlich aufgeschrieben sind, aber mit ein bisschen Knobeln kriegt ihr es sicher heraus, wer der Täter war.

Es gibt fünf Geschäfte: Bäcker Weiß, Zeitungsladen Rot, Blumengeschäft Grün, Imbiss Blau und Schuhmacher Schwarz. Diese Geschäfte haben alle verschiedenfarbige Müllsäcke. Klar ist nur, dass kein Müllsack die Farbe seines Geschäfts hat (Bäcker Weiß hat also keinen weißen Müllsack). Die Müllautos holen nur andersfarbige Müllsäcke und nicht bei gleichfarbigen Geschäften (das rote Müllauto holt weder den roten Müllsack noch beim Zeitungsladen Rot). Also, von wem ist der grüne Müllsack? Und welches Müllauto ist dafür zuständig?

Das sind eure Hinweise:

- Der Müll von Bäcker Weiß wird vom grünen Müllauto abgeholt. Er benutzt keine schwarzen Müllsäcke.
- Schuhmacher Schwarz hat weiße Müllsäcke.
- Das rote Müllauto holt den Müll vom Blumengeschäft Grün.
- Dessen Müllsackfarbe ist nicht die gleiche wie die Namensfarbe des Geschäfts, dessen Müll vom blauen Auto abgeholt wird.
- Das Müllauto, das den Müll beim Zeitungsladen Rot abholt, hat die gleiche Farbe wie das Geschäft, das rote Müllsäcke hat.

	Weißer Sack	Roter Sack	Grüner Sack	Blauer Sack	Schwarzer Sack	Weißes Müllauto	Rotes Müllauto	Grünes Müllauto	Blaues Müllauto	Schwarzes Müllauto
Bäcker Weiß										
Zeitungsladen Rot										
Blumengeschäft Grün										
Imbiss Blau										
Schuhmacher Schwarz										
Weißes Müllauto										
Rotes Müllauto										
Grünes Müllauto										
Blaues Müllauto										
Schwarzes Müllauto										

Lösung:

Geschäft	Farbe des Müllsacks	Farbe des Müllautos

Improvisierte Zeitmessung

Inspektor Krosanke muss die Aussage eines Tatverdächtigen überprüfen. Dieser wurde laut Zeugenaussage noch um 14.00 Uhr in der obersten Etage des Bürohochhauses gesehen. Das Verbrechen geschah aber um 14.15 Uhr im Keller des benachbarten Gebäudes. Der Tatverdächtige behauptet steif und fest, die Strecke könne man gar nicht innerhalb einer Viertelstunde zurücklegen. Das will der Inspektor nicht glauben und schickt seinen Assistenten Edgar Wiesel an den Tatort. Dort will Krosanke die Zeit stoppen. Leider hat weder er noch sein Assistent Wiesel eine Taschen- oder Armbanduhr dabei. Alles, was der Inspektor auftreiben kann, sind zwei Sanduhren. Eine davon hat eine Durchlauf- zeit von elf Minuten, die andere eine von sieben Minuten. Was macht der Kriminalinspektor, sobald Wiesel telefonisch durchgibt, dass er losgelaufen ist? Wie kann er mit Hilfe der beiden Sanduhren die Viertelstunde abmessen?

Das große Abc der Detektive und Geheimagenten

Agent: Anderes Wort für Spion oder Geheimagent.

Alias: Ist ein erfundener Name, den Detektive oder Spione zur Verdeckung ihrer wahren Identität benutzen.

Alibi: Ist der Nachweis, dass jemand zur Tatzeit nicht am Tatort war.

Anklage: Ist die offizielle Beschuldigung einer Tat vor Gericht, sie wird von der Staatsanwaltschaft vorgetragen.

Aussage: Ist die schriftliche und unterschriebene Erklärung eines Zeugen oder Tatverdächtigen.

Beschattung: Heimliche Verfolgung einer anderen Person.

Beweis: Information oder Gegenstand zur Bestätigung der Richtigkeit einer Behauptung oder Vermutung.

Deckname: Unter diesem falschen Namen ist der Spion in Agentenkreisen und bei seinem Auftraggeber bekannt (siehe auch Alias).

Dekodierung: Ist die Entschlüsselung (Übersetzung) einer Nachricht (siehe auch Kodierung).

Diebstahl: Ist das unerlaubte Wegnehmen des Eigentums von anderen Personen.

Doppelagent: Ein Spion, der für zwei Länder oder Auftraggeber gleichzeitig arbeitet, ohne dass die beiden davon wissen.

Einbruch: So nennt man das gewaltsame Eindringen in ein Gebäude, etwa durch das Aufbrechen von Türen oder das

Einschlagen von Fenstern. Wird dann auch noch etwas gestohlen, spricht man von »Einbruchdiebstahl«.

Fährte: Ist eine Spur, die zur Aufdeckung des Verbrechens führen kann.

Genetischer Fingerabdruck: Ist der individuelle, nie mit einer anderen Person identische Bauplan eines menschlichen Körpers, der aus den jeweiligen Körperzellen zu erkennen ist. Es lässt sich auch aus Speichelspuren (z.B. an einem Lolly) oder Haarwurzeln erkennen. Aber dafür benötigt man elektronische Mikroskope, die nur Profipolizisten zur Verfügung stehen.

Hinweis: Ist eine Information oder eine Spur, die bei der Aufklärung des Verbrechens hilfreich sein kann. Es gibt jedoch auch falsche Hinweise.

Hochstapelei: Ist betrügerisches Verhalten, bei dem eine Person anderen etwas vortäuscht, zum Beispiel reich zu sein.

Indizien: Anderes Wort für Hinweise oder Spuren.

Inspektor: Ist ebenso wie Kommissar ein Dienstgrad bei der Polizei.

Jäger: So nennt man Spione, die gegnerische Agenten ausfindig machen sollen.

Kodierung: Verschlüsselung einer Nachricht, damit sie für Nichteingeweihte nicht lesbar ist.

Maulwurf: Ermittler oder Spion, der unter falschem Namen und falscher Identität versucht, in einen fremden Geheimdienst oder in eine Verbrecherbande aufgenommen zu werden, um die Gegner oder Verbrecher auffliegen zu lassen.

Mord: Absichtliches und kaltblütig geplantes Töten eines Menschen.

Motiv: Grund oder Anlass, aus dem heraus eine Person ein Verbrechen begangen hat.

Observation: Fremdwort für Überwachung. Damit ist die heimliche und genaue Beobachtung einer oder mehrerer Personen oder Orte über einen längeren Zeitraum zur Aufdeckung von Verbrechen gemeint.

Phantombild: Bild eines möglichen Täters, das aufgrund von Zeugenaussagen angefertigt wird. Wurde früher gezeichnet, heute können die modernen Polizeicomputer aus Tausenden von gespeicherten Fotos ein Bild zusammensetzen, das ganz echt aussieht.

Raub: So nennt man einen Diebstahl, bei dem eine Person durch körperliche Gewalt (Schläge) oder durch Drohungen (»Geld her oder ich erschieße dich«) zur Herausgabe von Wertsachen gezwungen wird.

Schatten: Verfolger, der einer anderen Person ständig auf der Spur bleibt.

Schuh: Agentenbegriff für einen gefälschten Ausweis oder Pass.

Sicheres Haus: So nennen Spione ein für andere nicht zu findendes Versteck.

Spion: Ist eine Person, die sich ohne Preisgabe der wahren Identität in eine Firma oder das Privatleben von Personen hineinmischt, um Straftaten, Heimlichkeiten oder Betriebsgeheimnisse aufzudecken. Spione übernehmen somit für eine bestimmte Zeit die Identität einer anderen Person, zum Beispiel eines Kollegen, Kunden, Geliebten, Sportkameraden und so weiter.

Spuren: Sollen zum Ziel und damit zur Identifizierung der Verbrecher führen. In 99 Prozent aller Fälle bleiben solche

Spuren am Tatort zurück, zum Beispiel Haare, Fuß- oder Fingerabdrücke, Blutflecken, Kleidungsstücke, Stofffasern, Briefe, Hautfetzen oder Gegenstände. Die Auswertung solcher Spuren in einem kriminaltechnischen Labor führt die Polizei oft auf die richtige Fährte und zur Überführung des Täters. Dann werden die Spuren zu Beweisen gegen den Täter.

Tatort: Platz, an dem ein Verbrechen verübt worden ist.

Toter Briefkasten: Geheimes und gut getarntes Versteck, in dem Spione Nachrichten für ihren Geheimdienst hinterlassen.

Umdrehen: So nennt man es, wenn ein Spion oder ein Verbrecher davon überzeugt werden kann, für den gegnerischen Geheimdienst oder die Polizei zu arbeiten.

Verbrannt: Von einem »Verbrannten« redet man, wenn ein Spion vom Feind entlarvt wurde und deshalb nicht mehr eingesetzt werden kann.

Vernehmung: Ist die einzelne Befragung von Personen, um Täter und Verbrechenshergang herauszufinden oder Widersprüche in den Aussagen zu finden.

V-Mann: Bedeutet »Verbindungsmann«. Es handelt sich dabei um einen Mitarbeiter der Polizei, der sich selbst als Gauner ausgibt, um etwas über geplante oder begangene Verbrechen zu erfahren.

Wanze: Winziges Mikrofo zum Abhören des Feindes. Eine Wanze wird in einem Raum versteckt montiert, so dass die Gespräche draußen abhörbar sind.

Zeuge: Ist eine Person, die etwas beobachtet hat (einen Unfall, ein Verbrechen) und berichten kann, wie es geschah und wer beteiligt war.

Die berühmtesten Detektive in Romanen und Filmen

Sherlock Holmes Der Engländer Sir Arthur Conan Doyle schrieb 60 Romane über diesen erfundenen englischen Meisterdetektiv und dessen Freund Dr. Watson.

Philip Marlowe Den für seine boshaften Sprüche bekannten Privatdetektiv hat sich 1939 der amerikanische Schriftsteller Raymond Chandler ausgedacht.

Pater Brown Dieser katholische Priester, der immer in seinem Priestergewand herumläuft, erweckt gerne den Anschein, als würde er vor sich hinträumen. Aber gerade dann arbeiten seine Gehirnzellen auf Hochtouren, und man kann sicher sein, dass der Täter bald geschnappt wird. Erfinder dieses harmlos wirkenden Detektivs ist der Schriftsteller Gilbert Keith Chesterton.

Miss Marple Diese energische, neugierige ältere Privatdetektivin aus einem englischen Dorf wird immer rein zufällig in die spannendsten Kriminalfälle verwickelt. Erfunden wurde sie von der englischen Schriftstellerin Agatha Christie.

Hercule Poirot Die spannenden Kriminalfälle des kleinen belgischen Privatdetektivs mit dem kunstvoll gezwirbelten schwarzen Schnurrbart hat sich ebenfalls Agatha Christie ausgedacht.

Kommissar Maigret Der Franzose Georges Simenon schuf die Pariser Romanfigur, der seine zahlreichen Fälle immer Pfeife rauchend löst.

Inspektor Columbo Wie in Amerika üblich wird der Kriminalpolizist oft mit »Detective« angeredet. Seine schusselige und trottelige Art ist nur vorgetäuscht. Der Polizist im hellen Trenchcoat spielt gern den Vergesslichen, um seine Verdächtigen in Sicherheit zu wiegen und in seine Fallen tappen zu lassen. Und in all seinen vielen Fernseh- und Kinofilmen ist ihm das gelungen.

Kalle Blomquist Der bisher wohl berühmteste Kinderdetektiv der Welt wurde von der schwedischen Kinderbuchautorin Astrid Lindgren erfunden. Sie hat sich unter anderem auch die Abenteuer der Kinder von Bullerbü und Pippi Langstrumpf ausgedacht.

Harry Potter Der Junge mit den übersinnlichen Fähigkeiten ist drauf und dran, noch berühmter zu werden als sein Kollege Kalle Blomquist. Mädchen und Jungen verschlingen regelrecht seine Abenteuer und können es kaum erwarten, bis das nächste Buch erscheint. Ausgedacht hat sich diesen Wunderjungen die englische Schriftstellerin J. K. Rowling. Demnächst sollen seine Abenteuer auch verfilmt werden.

Lösungen

Seite 83:
Anja – Gablenz – Weidenallee – 14.00 Uhr;
Almut – Pfaff – Industriestraße – 16.30 Uhr;
Herta – Baumann – Holzstieg – 20.30 Uhr;
Frauke – Meister – Mittelweg – 19.00 Uhr;
Viola – Riemer – Spatzenweg – 12.30 Uhr.

Seite 84:
Herr Zapf – Reisetasche – Bus;
Mister Flemming – Sporttasche – Taxi;
Herr Jensen – Lederkoffer – Flughafen;
Señor Lopez – Plastikkoffer – Bahnhof.

Seite 87 oben:
Bäcker Weiß – rot – grün;
Zeitungsladen Rot – schwarz – weiß;
Blumengeschäft Grün – blau – rot;
Imbiss Blau – grün – schwarz;
Schuhmacher Schwarz – weiß – blau.

Seite 87 unten:
Inspektor Kosanke dreht beide Sanduhren gleichzeitig um. Sobald
die Sieben-Minuten-Uhr abgelaufen ist, weiß der Inspektor, dass
sich im oberen Kolben der Elf-Minuten-Uhr noch Sand für vier
Minuten befindet. Er dreht die kleine Sanduhr sofort wieder um,
und wartet, bis auch die Elf-Minuten-Uhr durchgelaufen ist. In
diesem Augenblick befindet sich im unteren Kolben der Sieben-
Minuten-Uhr ebenfalls Sand entsprechend der durchgelaufenen
vier Minuten. Und diese Minuten fehlen noch bis zur Viertelstunde. Er muss also nur die kleine Uhr nochmals umdrehen und
durchlaufen lassen.

Impressum

Der Autor
Matthias Müller-Michaelis schreibt regelmäßig für Illustrierte, Fachzeitschriften und Tageszeitungen. Er hat eine Vielzahl von Ratgebern veröffentlicht. Für Kinder und Jugendliche hat er beispielsweise ein Aufklärungsbuch veröffentlicht. Im Südwest Verlag erschienen sind u. a. »Warum ist die Banane krumm?«, »Kinderquiz für kluge Kids« sowie »Spiel & Spaß mit Autokennzeichen«.

Hinweis
Alle Angaben erfolgen ohne Gewähr. Weder Autor noch Verlag können für eventuelle Fehler oder Schäden, die aus den im Buch gegebenen Hinweisen resultieren, eine Haftung übernehmen.

Impressum
© 2000 Südwest Verlag, München, in der
Econ Ullstein List Verlag GmbH & Co. KG, München
Alle Rechte vorbehalten.
Nachdruck – auch auszugsweise –
nur mit Genehmigung des Verlags.

Redaktion: Christian Hacker
Projektleitung: Sylvia Wohofsky
Redaktionsleitung: Nina Andres
Illustrationen: Beate Willich
Umschlag/Layout: Manuela Hutschenreiter
DTP/Satz: BuchHaus Robert Gigler, München
Produktion: Manfred Metzger (Leitung), Annette Aatz

Printed in Italy
ISBN 3-517-06271-5